Total alles über Südtirol

Alto Adige – Tutto di tutto

The Complete South Tyrol

Gedruckt mit freundlicher Unterstützung von / Pubblicato
con il contributo di / Printed with generous support from:

Abteilung Deutsche Kultur der Autonomen Provinz Bozen –
Südtirol über das Südtiroler Kulturinstitut / Ripartizione
Cultura tedesca della Provincia Autonoma di Bolzano –
Alto Adige tramite il Südtiroler Kulturinstitut
Autonome Region Trentino-Südtirol / Regione Autonoma
Trentino-Alto Adige

Dank / Ringraziamenti / Acknowledgements

Landesinstitut für Statistik / Istituto provinciale di statistica
(ASTAT), Europäische Akademie Bozen / Accademia
Europea di Bolzano (EURAC), Naturmuseum Südtirol /
Museo di Scienze Naturali dell'Alto Adige, Sennereiverband
Südtirol / Federazione Latterie Alto Adige, Südtirol
Marketing Gesellschaft / Alto Adige Marketing, Land- und
forstwirtschaftliches Versuchszentrum / Centro per la
Sperimentazione Agraria e Forestale Laimburg, Südtiroler
Archäologiemuseum / Museo Archeologico dell'Alto Adige
Südtiroler Bauernbund

Alfred Aberer, Margit Adami, Hermann Atz, Oswald
Bauer, Ulrich Becker, Frieder Blickle, Ivo Bonamico, Carla
Comunello, Gabi Crepaz, Luis Durnwalder, Christl Egger,
Angelika Fleckinger, Martina Graf, Margareth Greif, Albin
Gross, Elke Gruber, Norbert Grumer, Karin Gufler, Wilfried
Gufler, Erich Innerbichler, Sigrid Innerebner, Leo Haas, Hans
Heiss, Herbert & Margot Hintner, Maria Holzeisen, Annemarie
Kaser, Hans Kienzl, Harald Kienzl, Martina Kirchler, Volker
Klotz, Herbert Lang, Markus Leimegger, Reinhold Messner,
Christoph Oberhollenzer, Diddi Osele, Nora Pardatscher,
Carmen Pichler, Johanna Plasinger, Christian Plitzner, Elmar
Prieth, Katharina Pühl, Kathrin Renner, Paul Rösch, Josef
Rohrer, Patrick Schmalzl, Dietmar Seyr, Helmut Stampfer,
Erich Tasser, Leo Tiefenthaler, Andreas Tschurtschenthaler,
Ernst Stifter, Peppi Tischler, Peter Unterholzer, Elisabeth
Vallazza, Margareth Volgger, Walther Werth, Thomas
Wilhalm, Marc Zebisch, Johann Zelger, Roland Zelger.

1. Auflage / edizione / edition 2012
© Folio Verlag / Editore, Wien/Vienna – Bozen/Bolzano
Traduzione italiana: Michela Caracristi, Giovanna Ianeselli,
Luisa Righi
Translation into English: Jennifer Taylor
Lektorat / Revisione editoriale / Proofreading:
Michela Caracristi, Giovanna Ianeselli
Scans: Typoplus, Frangart / Frangarto
Grafik und Umbruch / Progetto grafico / Graphic design:
no.parking, Vicenza
Printed in Italy
ISBN 978-3-85256-607-8

www.folioverlag.com

Hermann Gummerer / Franziska Hack * Infographics: no.parking

TOTAL ALLES ÜBER SÜDTIROL ALTO ADIGE TUTTO DI TUTTO THE COMPLETE SOUTH TYROL

Folio

Inhalt
Indice
Index

ABC

f

Die Autoren / **Hermann Gummerer** studierte
Germanistik und Philosophie in Wien und
ist Mitbegründer und Co-Verleger des
Folio Verlags; **Franziska Hack** studierte
Sprachwissenschaft und Romanistik in
Konstanz, Genf, Padua und Oxford und ist
Lektorin im Folio Verlag.
Gli autori / **Hermann Gummerer** ha studiato
germanistica e filosofia a Vienna ed è
co-fondatore di Folio Editore; **Franziska
Hack** ha studiato linguistica e romanistica
a Costanza, Ginevra, Padova e Oxford ed
è attualmente revisore editoriale per Folio
Editore.
The authors / **Hermann Gummerer**
studied German language & literature
and philosophy in Vienna and is co-
founder and co-owner of the Folio Verlag
publishing house; **Franziska Hack** studied
linguistics and Romance languages in
Constance, Geneva, Padua and Oxford and
is an editor at Folio Verlag.

Die Gestalterinnen / **no.parking** ist eine
Agentur für Kommunikation und Gestaltung
in Vicenza: Vier Frauen switchen zwischen
deutschem und italienischem Kulturraum
und begreifen Design als etwas, das unser
Leben schöner macht, nützlich ist und
allen zugänglich sein sollte.
Le designer / Nell'agenzia **no.parking**
di Vicenza, quattro donne elaborano
progetti di comunicazione spaziando con
disinvoltura tra mondo italiano e tedesco:
per loro il design serve a rendere la vita
più bella e dovrebbe essere quindi
alla portata di tutti.
The graphic designers / **no.parking** is an
agency for communication and design
based in Vicenza. The four women who
make up the team switch back and forth
between the German and Italian cultural
realms and view design as something
that makes our lives more beautiful,
something that is useful and should
be accessible to all.
www.noparking.it

SÜDTIROL EINMAL ANDERS BETRACHTET
CI SONO TANTI MODI PER CONOSCERE L'ALTO ADIGE
A NEW WAY OF LOOKING AT SOUTH TYROL

von oben / dall'alto / from above

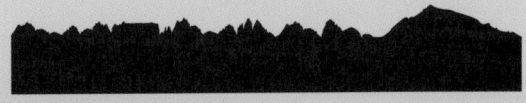

im Profil / di profilo / in profile

die Bewohner / attraverso i suoi abitanti / the inhabitants

die Fakten / attraverso dati concreti / the facts

Wie können wir Leser mit einem Buch über ein Land überraschen, über das schon so viel gesagt und geschrieben wurde – von dem wir schon so viele Bilder im Kopf haben? Da muss eine andere Sprache der Darstellung her! Zunächst haben wir Statistiker, Gastronomen, Lebensretter, Volkskundler und andere Spezialisten unterschiedlichster Disziplinen befragt und so ein umfangreiches Insider-Wissen über Südtirol zusammengetragen. Diese komplexen Informationen haben wir dann spielerisch zugespitzt, fallweise schräg kombiniert, vor allem aber in leicht verständliche und manchmal augenzwinkernde Infografiken verwandelt. So informieren wir Gäste umfassend über das Land und veranschaulichen Zahlen, Fakten und Zusammenhänge, die selbst Einheimische so noch nicht kennen! Wir wünschen eine vergnügliche Südtirol-Entdeckungstour!

Come raccontare una terra della quale è già stato detto e scritto tanto, un luogo di cui esistono già infinite immagini? Semplice, con il nuovo linguaggio dell'infografica! Tra statistici, etnologi, linguisti, operatori del turismo ecc., ci siamo fatti aiutare da esperti di molteplici settori per raccogliere un'ampia base di dati. Un groviglio di informazioni complesse che abbiamo poi districato, cernito e incrociato secondi criteri diversi, traducendole infine in una serie di infografiche accattivanti per l'occhio e comprensibili a tutti. Così è nato questo volume, un'opera avvincente che illustra l'Alto Adige sulla scorta di cifre, dati e relazioni spesso poco note persino ai residenti. Per (ri)scoprire una regione famosa da una prospettiva assolutamente inedita

How could we manage to surprise readers with a book on a place about which so much has already been said and written – for which we already have so many pictures swimming around in our heads? We just had to find a different language to describe it in! First, we interviewed statisticians, restaurateurs, lifesavers, folklorists and other specialists from a variety of disciplines, gathering a wealth of insider knowledge on South Tyrol. Then we took this complex information and carried it to whimsical extremes, or merged it in unusual constellations, but above all converted it into readily comprehensible and sometimes tongue-in-cheek infographics. This lets us present guests with a plethora of information on the province, illustrated with figures, facts and relationships that even locals don't always know about! We hope you enjoy your discovery tour of South Tyrol!

Die Autoren / Gli autori / The authors
Die Gestalterinnen / Le designer / The Graphic Designers

Ein Land bekennt Farbe
I colori dell'Alto Adige
A country shows its true colours

... aber nicht nur Weiß und Rot! /... non solo bianco e rosso! /... but not just white and red!

Dachmarke / Marchio "ombrello" / Umbrella brand

Überlandbus / Corriere extraurbane / Rural bus   **Citybus** / City bus   **Stadtbus** / Autobus urbani / Inner-city busline

Speck / Bacon

Dach des Bozner Doms / Tetto del duomo di Bolzano / Roof of Bolzano Cathedral

Südtirol-Fahne
Bandiera dell'Alto Adige
South Tyrolean flag

Heimisches Bierglas
Bicchiere di birra locale
Local beer glass

Lediger Sarner
Sarentinese celibe
Single Sarntal resident

Verheirateter Sarner
Sarentinese sposato
Married Sarntal resident

Wir verstehen uns gut, oder?
L'importante è capirsi
We understand each other, right?

Südtirols Wohnbevölkerung und wie sich das Verhältnis zwischen deutscher, italienischer und ladinischer Sprachgruppe entwickelt hat / Popolazione residente e andamento del rapporto fra gruppo linguistico tedesco, italiano e ladino / South Tyrol's residents and how the ratio of German, Italian and Ladin language groups has changed

Deutsch / Tedesco / German
Italienisch / Italiano / Italian
Ladinisch / Ladino / Ladin

Verteilung Sprachgruppen in %
Consistenza dei tre gruppi linguistici in %
Distribution of language groups in %

Wohnbevölkerung
Popolazione residente
Residents

Jahr	Wohnbevölkerung
1880	205.306
1890	210.285
1900	222.793
1910	251.451
1921	256.610
1961	373.863
1971	414.041
1981	430.568
1991	440.508
2001	462.999
2011	505.067

Heraus mit der Sprache!
Fuori la lingua!
In so many words

Das Verhältnis von deutscher, italienischer und ladinischer Sprachgruppe landesweit und in ausgewählten Gemeinden / Consistenza dei tre gruppi linguistici su base provinciale e in alcuni comuni selezionati / The ratio of German, Italian and Ladin language groups region-wide and in selected municipalities

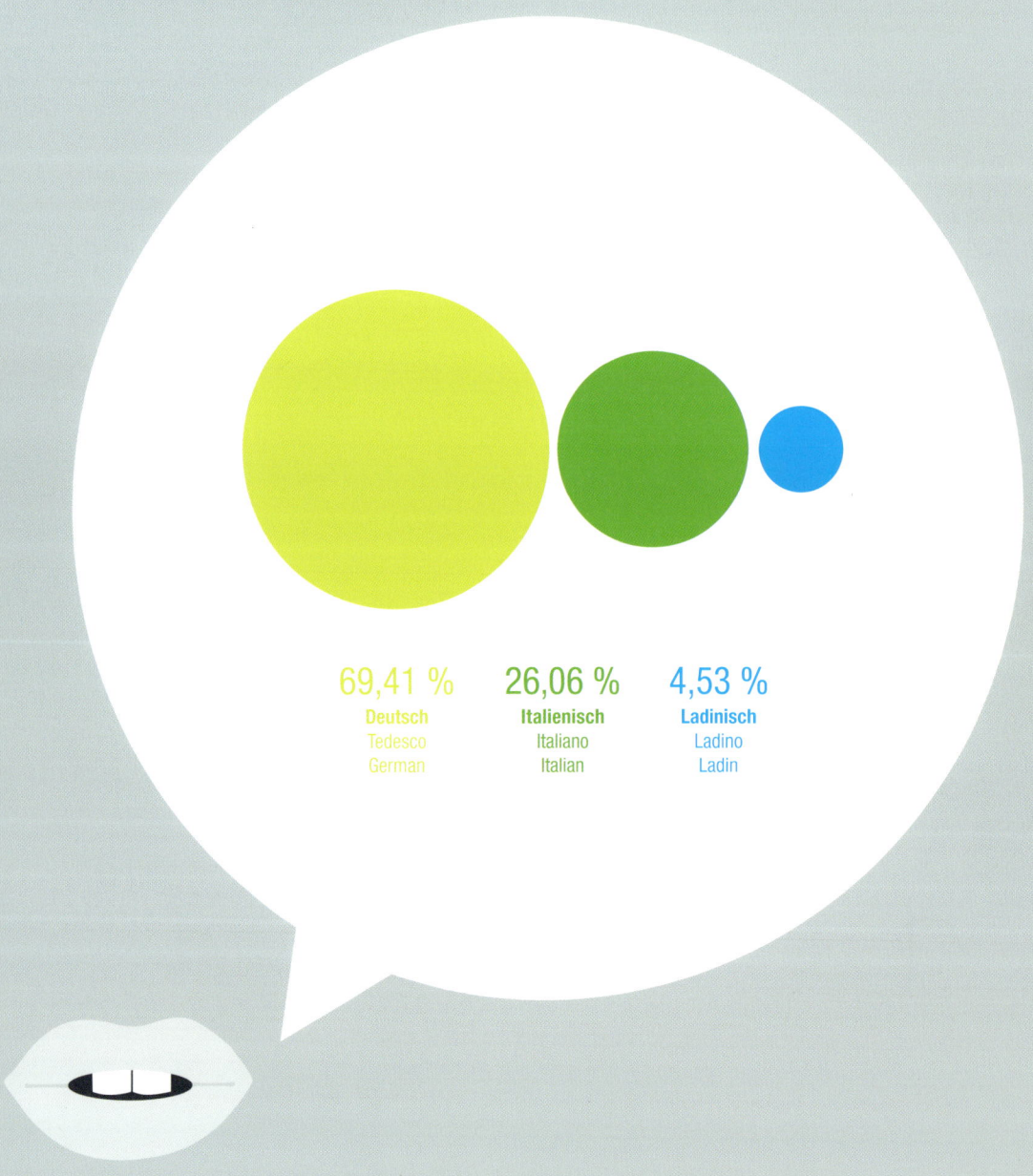

69,41 %	26,06 %	4,53 %
Deutsch	**Italienisch**	**Ladinisch**
Tedesco	Italiano	Ladino
German	Italian	Ladin

100 %   0 %   0 %

Martell / Martello
**Die Gemeinde mit dem höchsten
Anteil der deutschen Sprachgruppe**
Comune con la più alta percentuale di
abitanti tedescofoni
The municipality with the highest ratio
of German speakers

50,47 %   49,06 %   0,47 %

Meran / Merano
**Die Gemeinde mit dem ausgeglichensten
Verhältnis zwischen der deutschen und
der italienischen Sprachgruppe**
Comune con il rapporto più equilibrato tra
abitanti tedescofoni e italofoni
The municipality with the most balanced
ratio of German and Italian speakers

25,52 %   73,8 %   0,68 %

Bozen / Bolzano
**Die Gemeinde mit dem höchsten
Anteil der italienischen Sprachgruppe**
Comune con la più alta percentuale di
abitanti italofoni
The municipality with the highest ratio
of Italian speakers

1,53 %   0,81 %   97,66 %

La Val / Wengen / La Valle
**Die Gemeinde mit dem höchsten
Anteil der ladinischen Sprachgruppe**
Comune con la più alta percentuale di
abitanti ladinofoni
The municipality with the highest ratio
of Ladin speakers

Melting Pot Südtirol
Melting Pot Alto Adige
The South Tyrolean Melting Pot

Herkunft der in Südtirol ansässigen Ausländer und der Neophyten* / Provenienza degli stranieri residenti in Alto Adige e delle piante neofite* / Origins of immigrants and neophytes* living in South Tyrol

8,7 % (44.362)
Anteil der Ausländer an der Gesamtbevölkerung
Percentuale di stranieri sulla popolazione complessiva
Ratio of immigrants to the total population

Solidago canadensis - **Kanadische Goldrute** / Verga d'oro del Canadà / Canada Goldenrod

Robinia pseudacacia - **Gewöhnliche Robinie** / Robinia comune / Black Locust

Amaranthus retroflexus - **Rauer Fuchsschwanz** / Amaranto comune / Amaranth

71
Anzahl der eingebürgerten Neophyten in Südtirol
Numero delle neofite naturalizzate in Alto Adige
Number of naturalized neophytes in South Tyrol

3570 Marokko / Marocco / Morocco

Eleusine indica - **Indischer Korakan** / Eleusine indiana / Goosegrass

Senecio inaequidens - **Schmalblättriges Greiskraut** / Senecione sudafricano / Groundsel

134
Anzahl der Herkunftsländer der Ausländer
Numero dei paesi di provenienza degli stranieri
Number of different countries of origin of the immigrants

*
Neophyten: Pflanzen(-Arten), die erst in der Neuzeit (nach dem Mittelalter) eingewandert sind oder eingeschleppt wurden; ursprünglich nicht heimisch in Südtirol
Neofite: piante che sono immigrate oppure sono state introdotte solo in età moderna (dopo il Medioevo) e che originariamente non erano di casa in Alto Adige
Neophytes: plant species that first migrated or were imported into the region in modern times (after the Middle Ages); not native to South Tyrol

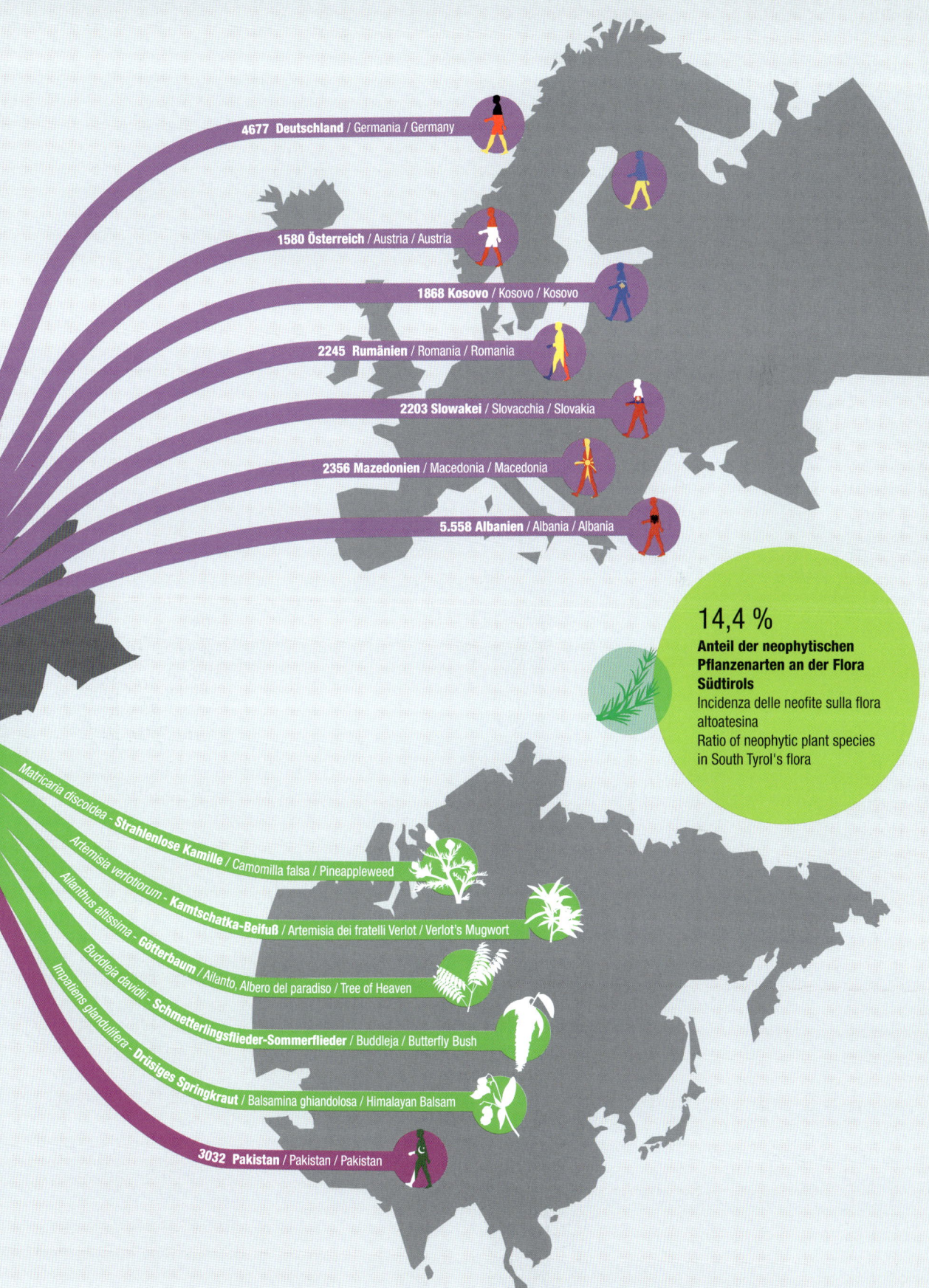

4677 **Deutschland** / Germania / Germany

1580 **Österreich** / Austria / Austria

1868 **Kosovo** / Kosovo / Kosovo

2245 **Rumänien** / Romania / Romania

2203 **Slowakei** / Slovacchia / Slovakia

2356 **Mazedonien** / Macedonia / Macedonia

5.558 **Albanien** / Albania / Albania

14,4 %

Anteil der neophytischen Pflanzenarten an der Flora Südtirols
Incidenza delle neofite sulla flora altoatesina
Ratio of neophytic plant species in South Tyrol's flora

Matricaria discoidea - **Strahlenlose Kamille** / Camomilla falsa / Pineappleweed

Artemisia verlotiorum - **Kamtschatka-Beifuß** / Artemisia dei fratelli Verlot / Verlot's Mugwort

Ailanthus altissima - **Götterbaum** / Ailanto, Albero del paradiso / Tree of Heaven

Buddleja davidii - **Schmetterlingsflieder-Sommerflieder** / Buddleja / Butterfly Bush

Impatiens glandulifera - **Drüsiges Springkraut** / Balsamina ghiandolosa / Himalayan Balsam

3032 **Pakistan** / Pakistan / Pakistan

Das Wort der anderen
Parole in prestito
You took the words right out of my mouth!

Italienische Wörter und Redensarten, die Eingang in Südtirols deutsche Sprache gefunden haben. / Parole ed espressioni idiomatiche italiane entrate a far parte del tedesco parlato in Alto Adige. / Italian words and expressions that have found their way into the German spoken in South Tyrol.

Argument argomento Thema topic

Autobüchl libretto di circolazione Fahrzeugschein vehicle registration certificate

Berufsalbum albo professionale Register bei bestimmten Berufen (z. B. Journalisten, Rechtsanwälte, Zahnärz

Bankkoordinaten coordinate bancarie Bankencode und Bankleitzahl bank details

Fochaz focac

Familienbogen (certificato di) stato di famiglia Familienbuch family record book

Grüne Nummer numero verde gebührenfreie Telefonnummer toll-free telephone number

kollaudieren collaudare behördlich zulassen officially approv

Hydrauliker idraulico Installateur, Klempner plumber

Modell modulo Formular blank form

Patent patente Führerschein driver's license

sequestrieren sequestrare etwas behördlich einziehen, beschlagnahmen officially confiscate

Struktur strutture pubbliche Einrichtung, Anlage institution, facility

stuff stufo es satt haben, nicht mehr mögen, die Schnauze voll haben to be sick of / fed up with something

Sanität sanità Gesundheitswesen public health service

Quästur : questura : oberste Polizeibehörde Südtirols : police authority

Serie A : serie A : höchste Spielklasse im italienischen Profifußball : the Premier League in Italian association football

Superalkoholika : superalcolici : hochprozentige alkoholische Getränke, Spirituosen : high-proof alcoholic beverages, spirits

Basisarzt : medico di base : Hausarzt : family doctor

...ofessional register (e.g. for journalists, lawyers, dentists)

Barist, Baristin : barista : Barmann bzw. Bardame : bartender

...ziertes (süßes) Gebäck, das zu Ostern und Allerheiligen hergestellt wird : decorated (sweet) pastry for Easter and All Saints' Day

Gute Arbeit! : Buon lavoro! : Wunschformel am Ende eines Gesprächs : Good work! (said at the end of a conversation)

Kondominium : condominio : Haus mit Eigentumswohnungen : condominium

Postkontokorrent : conto corrente postale : Girokonto bei der Post : post-office checking account

Stammrolle : ruolo : unkündbare Anstellung als Beamte oder Beamter : tenured post as civil servant

Studientitel : titolo di studio : Schul- bzw. Studienabschluss : school or university degree

Supplent : supplente : Lehrperson auf Zeit, Aushilfslehrer/-in : temporary or substitute teacher

Selbstbescheinigung : autocertificazione : Eigenerklärung : self-certification

Unterhaltungssteuer : imposta sugli intrattenimenti : Vergnügungssteuer : entertainment tax

Rosl fährt ...
Toni va a ...
Maria is going to ...

Wie die deutschsprachigen Südtiroler sagen, wenn sie irgendwohin fahren
Complementi di moto a luogo usati nel tedesco sudtirolese
How German-speaking South Tyroleans describe where they're going

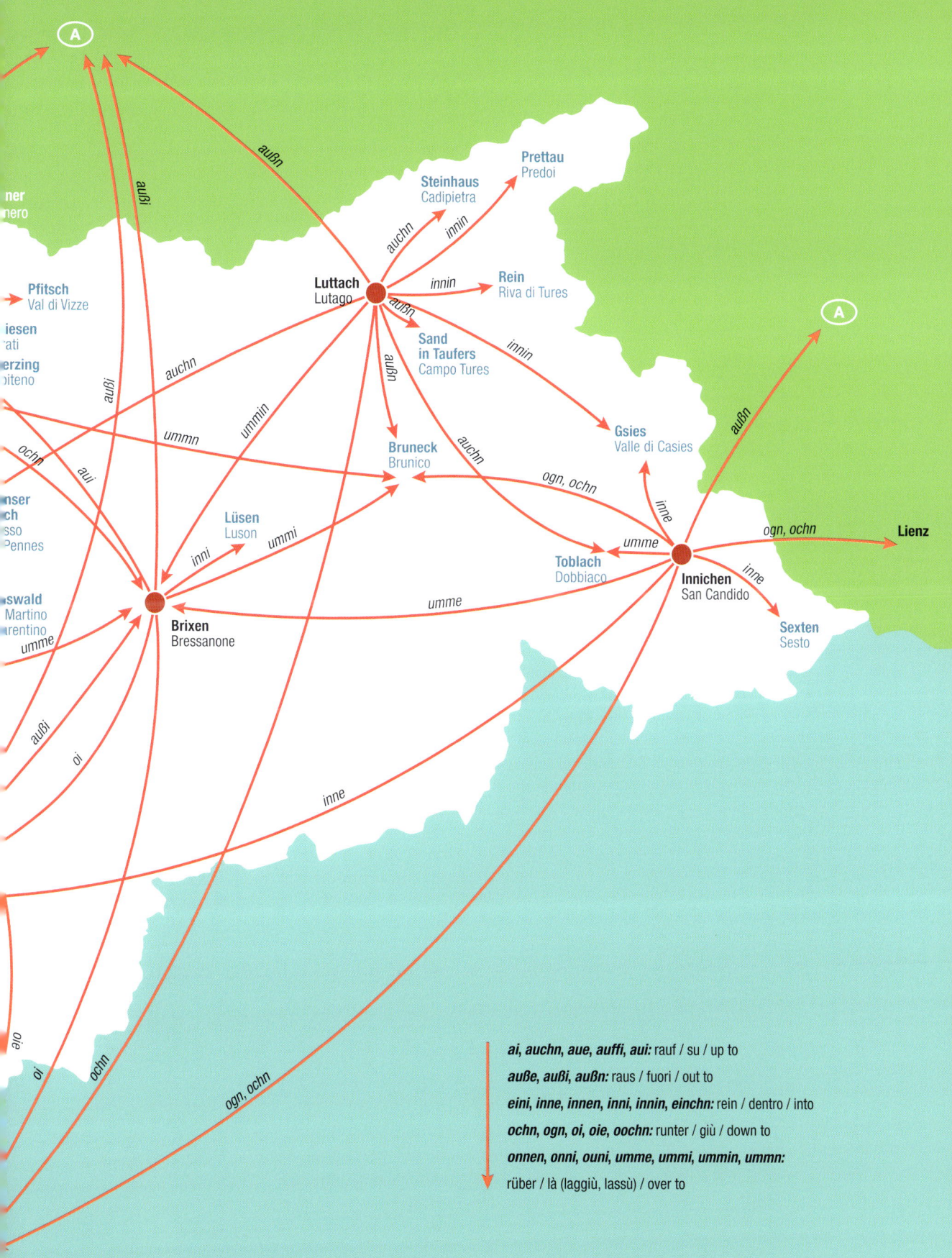

A

Prettau
Predoi

Steinhaus
Cadipietra

ner
nero

Pfitsch
Val di Vizze

außn

außi

auchn   *innin*

Luttach
Lutago

innin   **Rein**
Riva di Tures

außn

iesen
ati
erzing
piteno

auchn

außi

ummin

außn

**Sand
in Taufers**
Campo Tures

innin

A

ummn

Bruneck
Brunico

auchn

Gsies
Valle di Casies

außn

Lienz

ochn

aui

Lüsen
Luson

ogn, ochn

inne

ummi

ogn, ochn

nser
ch
sso
ennes

inni

umme

Toblach
Dobbiaco

umme

Innichen
San Candido

inne

swald
Martino
rentino

umme

Brixen
Bressanone

umme

Sexten
Sesto

außi

oi

inne

oie

oi

ochn

ogn, ochn

ai, auchn, aue, auffi, aui: rauf / su / up to

auße, außi, außn: raus / fuori / out to

eini, inne, innen, inni, innin, einchn: rein / dentro / into

ochn, ogn, oi, oie, oochn: runter / giù / down to

onnen, onni, ouni, umme, ummi, ummin, ummn:
rüber / là (laggiù, lassù) / over to

Ruth in Kastelruth
Lorenza a Glorenza
A town called Ellen

Ortschaften, die Vornamen tragen / Località con un nome
proprio di persona / Localities named after people

St. Peter
San Pietro

St. Jakob
San Giacomo

St. Johann
San Giovanni

enner
ennero

Kematen
Caminata

ossensaß
olle Isarco

St. Jakob
San Giacomo

Kematen
Caminata in Tures

Uttenheim
Villa Ottone

St. Georgen
San Giorgio

St. Magdalena
Santa Maddalena

Niedervintl
Vandoies di Sotto

St. Sigmund
San Sigismondo

Greinwalden
Grimaldo

Aufhofen
Villa Santa Caterina

Nauders
San Benedetto

Ehrenburg
Casteldarne

Bruneck
Brunico

Dietenheim
Teodone

Antholz-Niedertal
Anterselva di Sotto

St. Martin
San Martino

Gifen
Chivo

Niederrasen
Rasun di Sotto

Aufkirchen
Santa Maria

Wahlen
Valle San Silvestro

Franzensfeste
Fortezza

St. Pauls
San Paolo

Ellen
Elle

St. Lorenzen
San Lorenzo

Stefansdorf
Santo Stefano

Niederolang
Valdaora di Sotto

Innichen
San Candido

St. Martin
San Martino

St. Leonhard
San Leonardo

Rina
Welschellen
Rina di Marebbe

Al Plan de Mareo
St. Vigil in Enneberg
San Vigilio di Marebbe

St. Veit
San Vito

Plabach
Rivapiana

St. Andrä
Sant'Andrea in Monte

St. Valentin
San Valentino

Schrambach
San Pietro Mezzomonte

S. Martin de Tor
St. Martin in Thurn
San Martino in Badia

. Stefan
anto Stefano

Klausen
Chiusa

Gufidaun
Gudon

St. Peter
San Pietro

St. Linert
St. Leonhard
San Leonardo

Moritz/
auders
aurizio

Barbian
Barbiano

Freins
Fraina

St. Jakob
San Giacomo

St. Magdalena
Santa Maddalena

Gertraud
Gertrude

St. Jakob
San Giacomo

St. Peter
San Pietro

Urtijëi
St. Ulrich
Ortisei

S. Ćiascian
St. Kassian
San Cassiano

Kastelruth
Castelrotto

St. Michael
San Michele

Santa Crestina
St. Christina
Santa Cristina

swald
'Osvaldo

St. Valentin
San Valentino

kob
iacomo

St. Konstantin
San Costantino

Blumau
Prato all'Isarco

St. Anton
Sant'Antonio

Gummer
San Valentino in Campo

St. Nikolaus/Eggen
San Nicolò Val d'Ega

Benstein
alba

Adam und Eva oder Maria und Josef
Adamo ed Eva o Maria e Josef
Adam and Eve or Maria and Joseph

Südtirols verbreitetste Vornamen und wie Kinder heute getauft werden / Nomi di battesimo più diffusi in Alto Adige e tra i neonati attuali / The most common first names and today's most popular baby names in South Tyrol

Blume
Biene Sonne
Arnika Holde
Sara
Susi Gabi
Nelke Alma
Birke Laura
Glocke Nora
Gerda

Anna
Lea Leonie
Emma Greta
Lena
Sara
Sofia Elisa Lisa
Marie Maria
Hanna
Laura Valentina

Monika
Martina
Anna
Daniela
Cristina
Karin
Elisabeth
Silvia
Sara
Maria
Johanna
Martha
Rosa
Christine
Barbara
Samuel
David
Daniel
Manuel
Gabriel
Jonas
Felix
Simon
Matthias
Lukas
Jakob
Alex
Maximilian
Julian
Tobias
Franz
Michael
Daniel
Christian
Josef
Karl
Markus
Stefan
Andreas
Walter
Alois
Peter
Martin
Thomas
Johann

Immer dem Namen nach

Signori Rossi, siete qui!
What's your name, please?

Welche der verbreitetsten Nachnamen Südtirols lassen sich eindeutig geografisch zuordnen? / La "geografia" dei cognomi altoatesini più diffusi / Which of the most common surnames in South Tyrol can be pinpointed geographically?

Die 15 häufigsten Nachnamen
I 15 cognomi più diffusi
The 15 most common surnames

Mair
Hofer · Pichler
Kofler · Gruber · Pircher
Gasser · Thaler · Egger · Gamper
Messner · Huber · Rainer · Mayr · Brunner

Die 120 häufigsten Nachnamen Südtirols
I 120 cognomi altoatesini più diffusi
The 120 most common surnames in South Tyrol

Z' Mittåg iss i drhoam
Per pranzo torno a casa
I go home for lunch

Was für Südtirolerinnen und Südtiroler typisch ist / Aspetti che caratterizzano gli abitanti dell'Alto Adige / What is typical for South Tyroleans

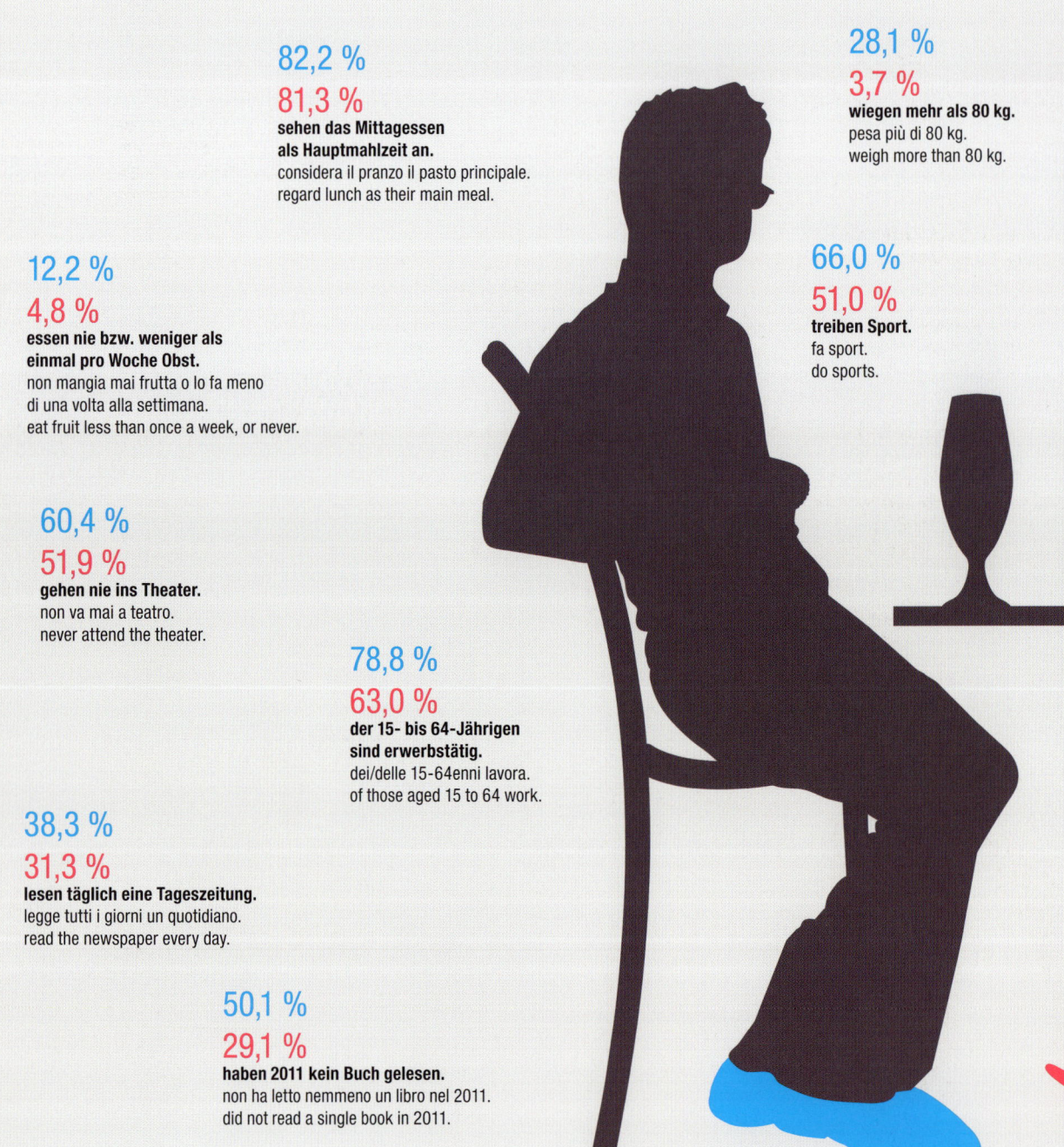

82,2 %
81,3 %
**sehen das Mittagessen
als Hauptmahlzeit an.**
considera il pranzo il pasto principale.
regard lunch as their main meal.

28,1 %
3,7 %
wiegen mehr als 80 kg.
pesa più di 80 kg.
weigh more than 80 kg.

12,2 %
4,8 %
**essen nie bzw. weniger als
einmal pro Woche Obst.**
non mangia mai frutta o lo fa meno
di una volta alla settimana.
eat fruit less than once a week, or never.

66,0 %
51,0 %
treiben Sport.
fa sport.
do sports.

60,4 %
51,9 %
gehen nie ins Theater.
non va mai a teatro.
never attend the theater.

78,8 %
63,0 %
**der 15- bis 64-Jährigen
sind erwerbstätig.**
dei/delle 15-64enni lavora.
of those aged 15 to 64 work.

38,3 %
31,3 %
lesen täglich eine Tageszeitung.
legge tutti i giorni un quotidiano.
read the newspaper every day.

50,1 %
29,1 %
haben 2011 kein Buch gelesen.
non ha letto nemmeno un libro nel 2011.
did not read a single book in 2011.

ca. 32.000 €
ist der Anteil an Italiens Staatsverschuldung pro Kopf.
è la quota di debito pubblico pro capite.
is the per capita share of Italy's sovereign debt.

65,2 %
80,4 %
essen wochentags mittags zuhause.
pranza a casa nei giorni feriali.
go home for lunch on workdays.

18,4 %
26,3 %
gehen zur Arbeit zu Fuß.
va al lavoro a piedi.
walk to work.

77,8 %
84,2 %
rauchen nicht.
non fuma.
do not smoke.

55,5 %
58,7 %
arbeiten/studieren in der Gemeinde, in der sie wohnen.
lavora/studia nel comune in cui vive.
work/study in the municipality where they live.

80,2
85,3
ist ihre durchschnittliche Lebenserwartung.
è l'aspettativa media di vita.
is their average life expectancy.

3,5 %
4,1%
arbeiten/studieren im Ausland.
lavora/studia all'estero.
work/study abroad.

28,5 %
49,1 %
trinken keinen Wein.
non beve vino.
do not drink wine.

28,1 %
63,8 %
trinken kein Bier.
non beve birra.
do not drink beer.

29,9 %
37,4 %
benutzen nie einen PC.
non usa mai il pc.
never use a PC.

32,8 %
39,1 %
benutzen nie das Internet.
non usa mai internet.
have never used the internet.

6,2 %
38,9 %
arbeiten in Teilzeit.
svolge un lavoro part-time.
work part-time.

Berufe, Berufungen und sonstige Professionen
Mestieri, professioni, vocazioni
Occupations, vocations and other professions

Womit die Südtiroler/-innen ihr Geld verdienen **/** Le occupazioni degli abitanti dell'Alto Adige **/**
How South Tyroleans earn a living

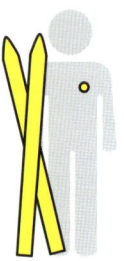

1248
Skilehrer
Maestri di sci
Ski instructors

11.457
Fischer
Pescatori
Fishermen

8000
Obstbauern
Frutticoltori
Fruit farmers

11.059
Hauptberufliche Bauern
Contadini professionali
Full-time farmers

19.241
Hofbewirtschafter
Agricoltori
Farm operators

81.890
**Arbeitskräfte in
der Landwirtschaft**
Operai agricoli
Agricultural workers

8747
Lehrpersonen
Insegnanti
Teachers

3484
**Verwaltungsbeamte
des Landes**
Dipendenti
dell'amministrazione
provinciale
Civil servants in
provincial government

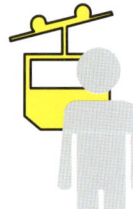

1972
**Personal der
Südtiroler
Aufstiegsanlagen**
Addetti agli impianti
di risalita
Staff of South
Tyrolean mountain
transport systems

12.858
**Freiwillige
Feuerwehrleute**
Vigili del fuoco volontari
Volunteer firefighters

141
Berufsfeuerwehrleute
Vigili del fuoco
professionali
Professional firefighters

8684
**Personal der
Sanitätsbetriebe**
Dipendenti delle
aziende sanitarie
Health-care
workers

294
**Beamte im
Gerichtswesen**
Dipendenti
dell'amministrazione
giudiziaria
Civil servants
in the judiciary

10.000
Weinwirtschaft
Occupati nella
vitivinicoltura
Wine industry

326
Gemeindepolizisten
Vigili urbani
Municipal police

2970
Imker
Apicoltori
Beekeepers

6417
Jäger
Cacciatori
Hunters

116
Bürgermeister
Sindaci
Mayors

229
Gärtner
Giardinieri
Gardeners

130
Kaminkehrer
Spazzacamini
Chimney sweeps

356
Bergbauarbeiter
Minatori
Miners

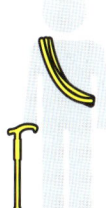

185
Bergführer
Guide alpine
Mountain guides

1
Heiliger
Santo
Saints

510
Priester
Preti
Priests

535
Ordensschwestern
Suore
Nuns

95
AVS-Schutzhüttenwirte
Gestori di
rifugi alpini AVS
Operators of
AVS mountain shelters

5152
**Banken und
Versicherungen**
Occupati in banche
e assicurazioni
Banks and insurance
companies

25.030
**Hotels und
Restaurants**
Occupati in alberghi
e ristoranti
Hotels and
restaurants

360
Reisebüros
Occupati in agenzie
di viaggio
Travel agencies

1752
**Staatsbahnen
und Post**
Dipendenti di poste
e ferrovie di Stato
State railroads
and postal service

50.014
SVP-Mitglieder
Iscritti all'SVP
SVP party members

8150
**Kirchenchor-
mitglieder**
Membri di
cori di chiesa
Singers in
church choirs

?
Mafiosi
Mafiosi
Mafia

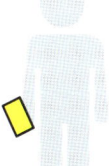

> 100.000
**Südtirol-Pass-
Inhaber**
Titolari di
AltoAdige Pass
"Südtirol Pass"
public transport
card holders

30
Pilzsammelsünder
Fungaioli multati
Mushroom poachers

147
aus anderen Provinzen
di altre province
from other provinces

2550
**Freiwillige beim
Weißen Kreuz**
Volontari della
Croce Bianca
White Cross
volunteers

10.943
Arbeitslose
Disoccupati
Unemployed

Rettung in der Not 1
Chiamate i pompieri!
Saving the day, part 1

Freiwillige Feuerwehr und Berufsfeuerwehr in Südtirol / Corpi dei Vigili del Fuoco in Alto Adige / Volunteer and professional fire brigades in South Tyrol

ANZAHL DER FEUERWEHREN / CORPI VVF IN TOTALE / NUMBER OF FIRE BRIGADES

310

115

306
Freiwillige Feuerwehren
corpi VVF volontari
volunteer fire brigades

3
Betriebsfeuerwehren
squadre antincendio aziendali
company fire brigades

1
Berufsfeuerwehr
corpo VVF permanente
professional fire brigade

515.144
geleistete Arbeitsstunden
ore lavorative effettuate
hours worked

1/39
**Auf 39 Südtiroler kommt
ein aktiver Feuerwehrmann.**
In Alto Adige si conta
un vigile in servizio
attivo ogni 39 abitanti.
There is one active firefighter
for every 39 South Tyroleans.

ca. **1500**
Anzahl Fahrzeuge
automezzi
number of vehicles

24.154
Ausrückungen
uscite
turnouts

ca. **66**
pro Tag
al giorno
a day

ANZAHL FREIWILLIGER FEUERWEHRLEUTE / VIGILI VOLONTARI IN TOTALE / NUMBER OF VOLUNTEER FIREFIGHTERS

17.342

12.858
aktive Feuerwehrmitglieder
membri in servizio attivo
active firefighting members

davon Frauen
di cui donne
thereof women
177

ANZAHL DER EINSÄTZE / INTERVENTI IN TOTALE / NUMBER OF DEPLOYMENTS

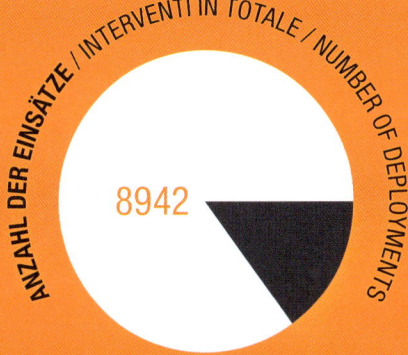

8942

ca. 24 pro Tag / al giorno / a day

7595
85 %
**Technische Einsätze
und Katastropheneinsätze**
interventi tecnici e per calamità
technical and disaster deployments

1347
15 %
Brandeinsätze
interventi antincendio
firefighting deployments

Rettung in der Not 2
Chiamate l'ambulanza!
Saving the day, part 2

Das Weiße Kreuz – Südtirols Landesrettungsdienst **/** La Croce Bianca – Associazione di soccorso provinciale **/** The White Cross – South Tyrol's regional rescue service

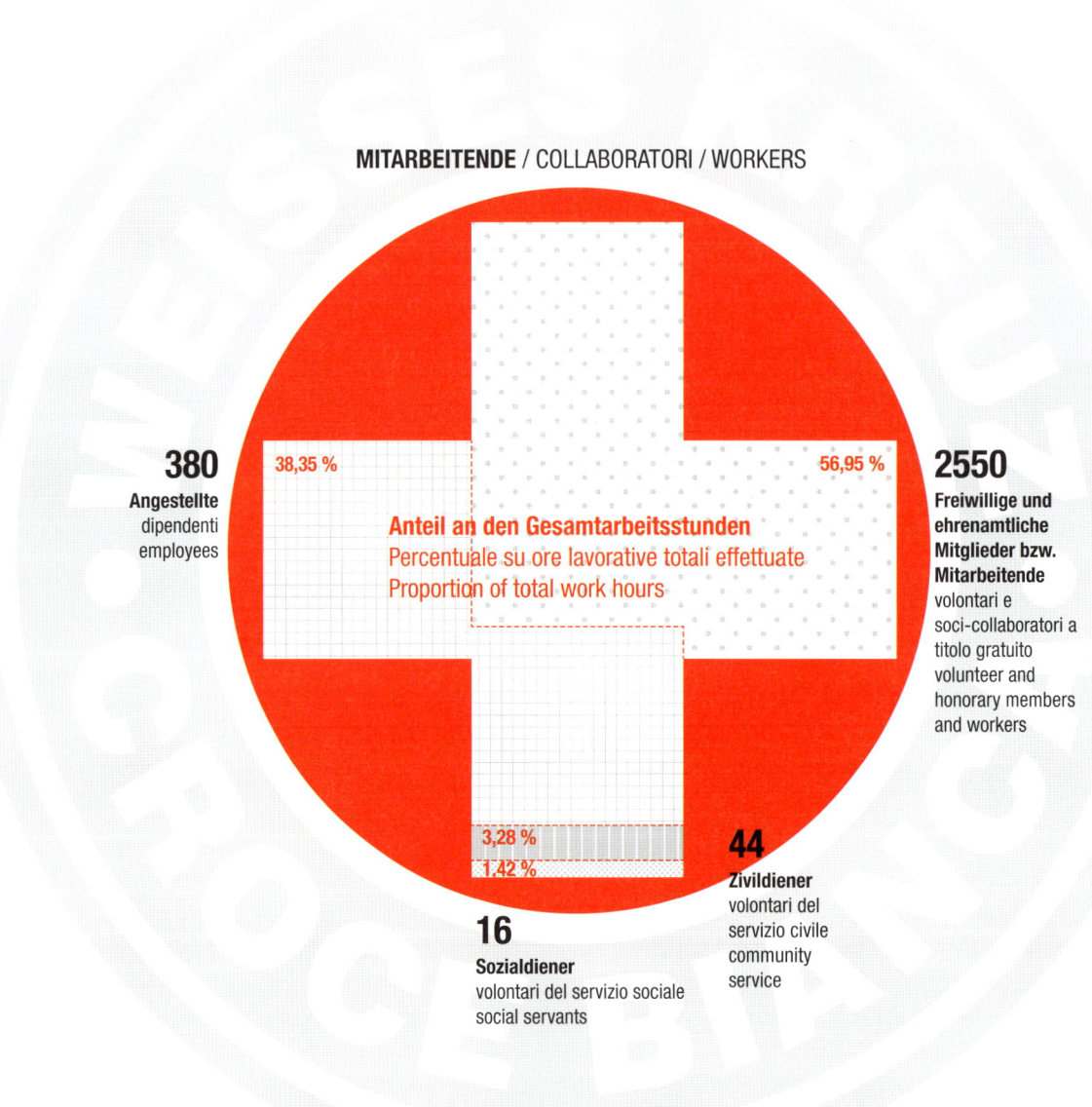

MITARBEITENDE / COLLABORATORI / WORKERS

380
Angestellte
dipendenti
employees

38,35 %

Anteil an den Gesamtarbeitsstunden
Percentuale su ore lavorative totali effettuate
Proportion of total work hours

56,95 %

2550
Freiwillige und ehrenamtliche Mitglieder bzw. Mitarbeitende
volontari e soci-collaboratori a titolo gratuito
volunteer and honorary members and workers

3,28 %
1,42 %

16
Sozialdiener
volontari del servizio sociale
social servants

44
Zivildiener
volontari del servizio civile
community service

1104
Einsätze der Pistenrettung
interventi sulle piste da sci
ski slope rescue deployments

48.951
Rettungseinsätze
interventi di soccorso
rescue deployments

192.188
Patienten insgesamt
pazienti assistiti in totale
total patients

www.weißeskreuz.bz.it
www.crocebianca.bz.it

1.607.225,81
Arbeitsstunden
ore lavorative effettuate
work hours

8.756.429 km
gefahrene Kilometer
chilometri percorsi
kilometers driven

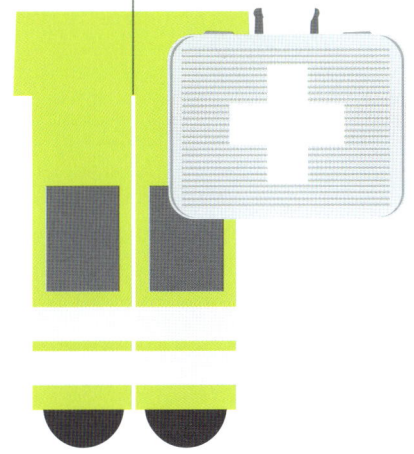

167.015
**Transporte (Rettungs- und
Krankentransport) insgesamt**
trasporti d'emergenza e
trasferimenti ospedalieri
total rescue and
ambulance transports

FUHRPARK / PARCO MACCHINE / FLEET

100
**Krankenfahrzeuge
und PKWs**
autoambulanze
e autovetture
ambulances and cars

27
Zivilschutzfahrzeuge
mezzi per la protezione civile
civil defense vehicles

48
Rettungsfahrzeuge
veicoli di soccorso
rescue vans

Ich lese, also bin ich
Leggo dunque sono
I read, therefore I am

Bibliothekslandschaft und Buchbestand / Biblioteche pubbliche e
patrimonio librario / Libraries and their holdings

281
Bibliotheken / biblioteche / libraries

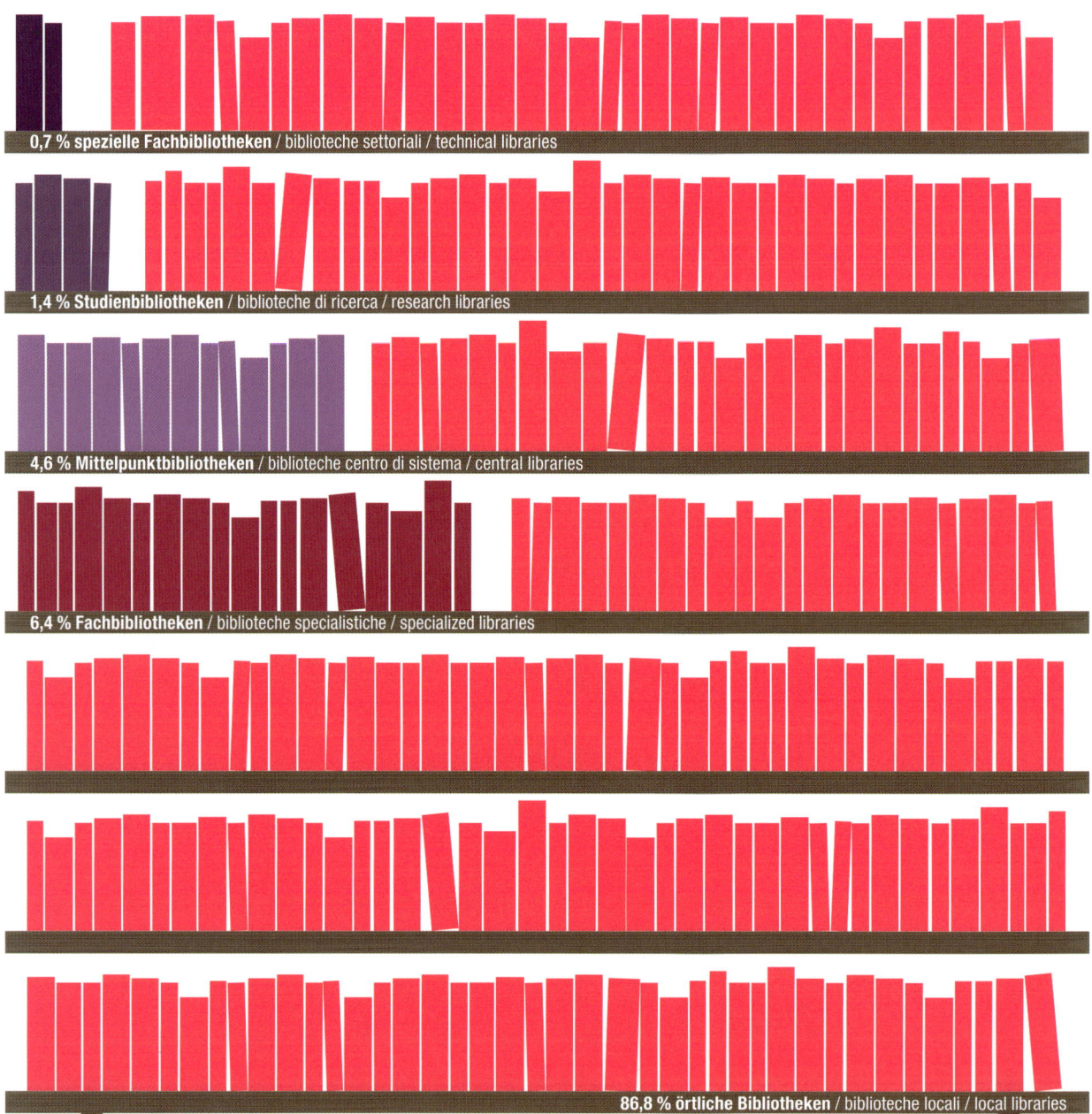

0,7 % spezielle Fachbibliotheken / biblioteche settoriali / technical libraries

1,4 % Studienbibliotheken / biblioteche di ricerca / research libraries

4,6 % Mittelpunktbibliotheken / biblioteche centro di sistema / central libraries

6,4 % Fachbibliotheken / biblioteche specialistiche / specialized libraries

86,8 % örtliche Bibliotheken / biblioteche locali / local libraries

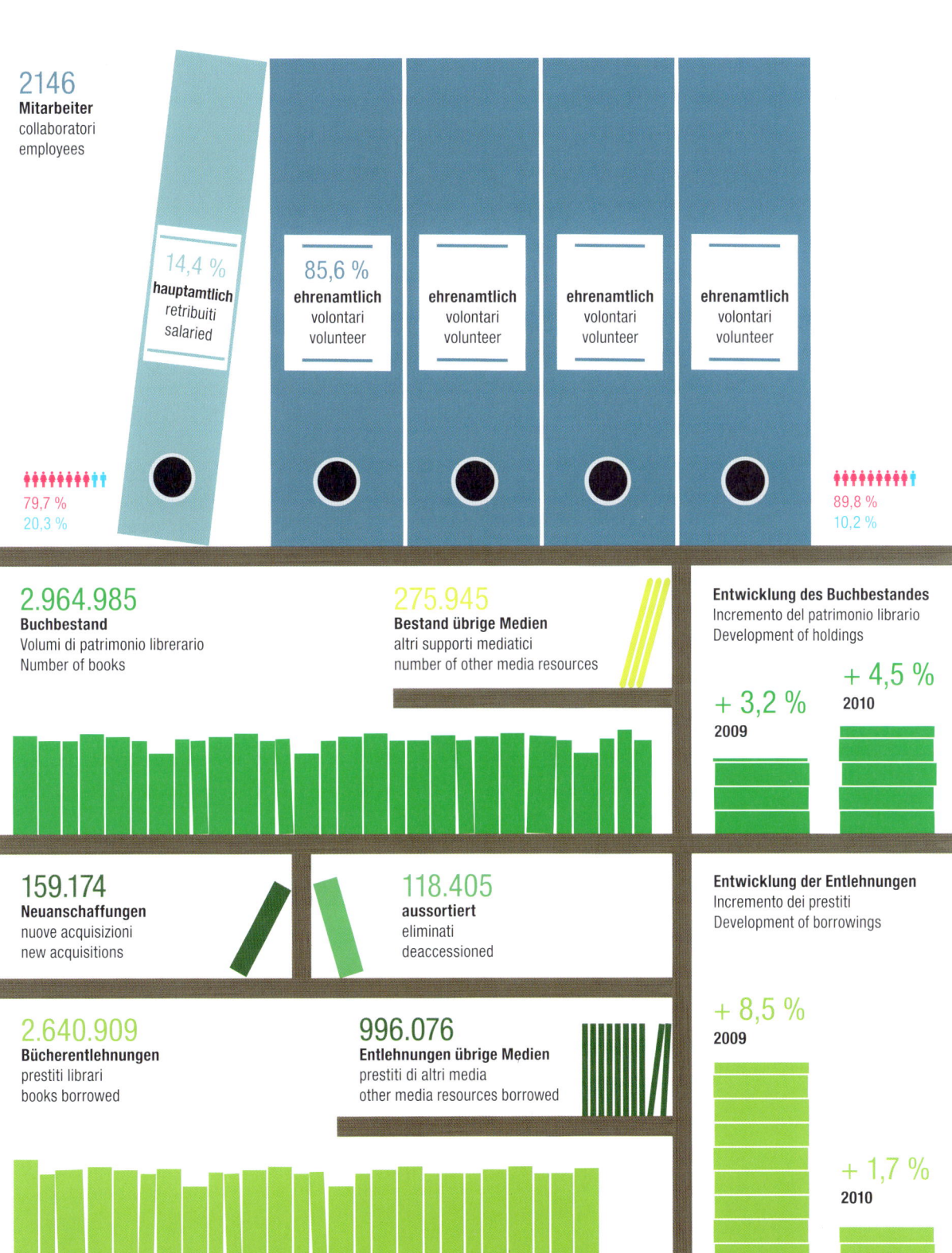

2146
Mitarbeiter
collaboratori
employees

14,4 %
hauptamtlich
retribuiti
salaried

85,6 %
ehrenamtlich
volontari
volunteer

ehrenamtlich
volontari
volunteer

ehrenamtlich
volontari
volunteer

ehrenamtlich
volontari
volunteer

79,7 %
20,3 %

89,8 %
10,2 %

2.964.985
Buchbestand
Volumi di patrimonio librerario
Number of books

275.945
Bestand übrige Medien
altri supporti mediatici
number of other media resources

Entwicklung des Buchbestandes
Incremento del patrimonio librario
Development of holdings

+ 3,2 %
2009

+ 4,5 %
2010

159.174
Neuanschaffungen
nuove acquisizioni
new acquisitions

118.405
aussortiert
eliminati
deaccessioned

Entwicklung der Entlehnungen
Incremento dei prestiti
Development of borrowings

+ 8,5 %
2009

2.640.909
Bücherentlehnungen
prestiti librari
books borrowed

996.076
Entlehnungen übrige Medien
prestiti di altri media
other media resources borrowed

+ 1,7 %
2010

Wohl ist die Welt so groß und weit
Chi dà il la?
It's a big wide world

Wer in Südtirols Musikkapellen den Marsch bläst / Componenti delle bande musicali altoatesine / Who plays the tunes in South Tyrol's marching bands

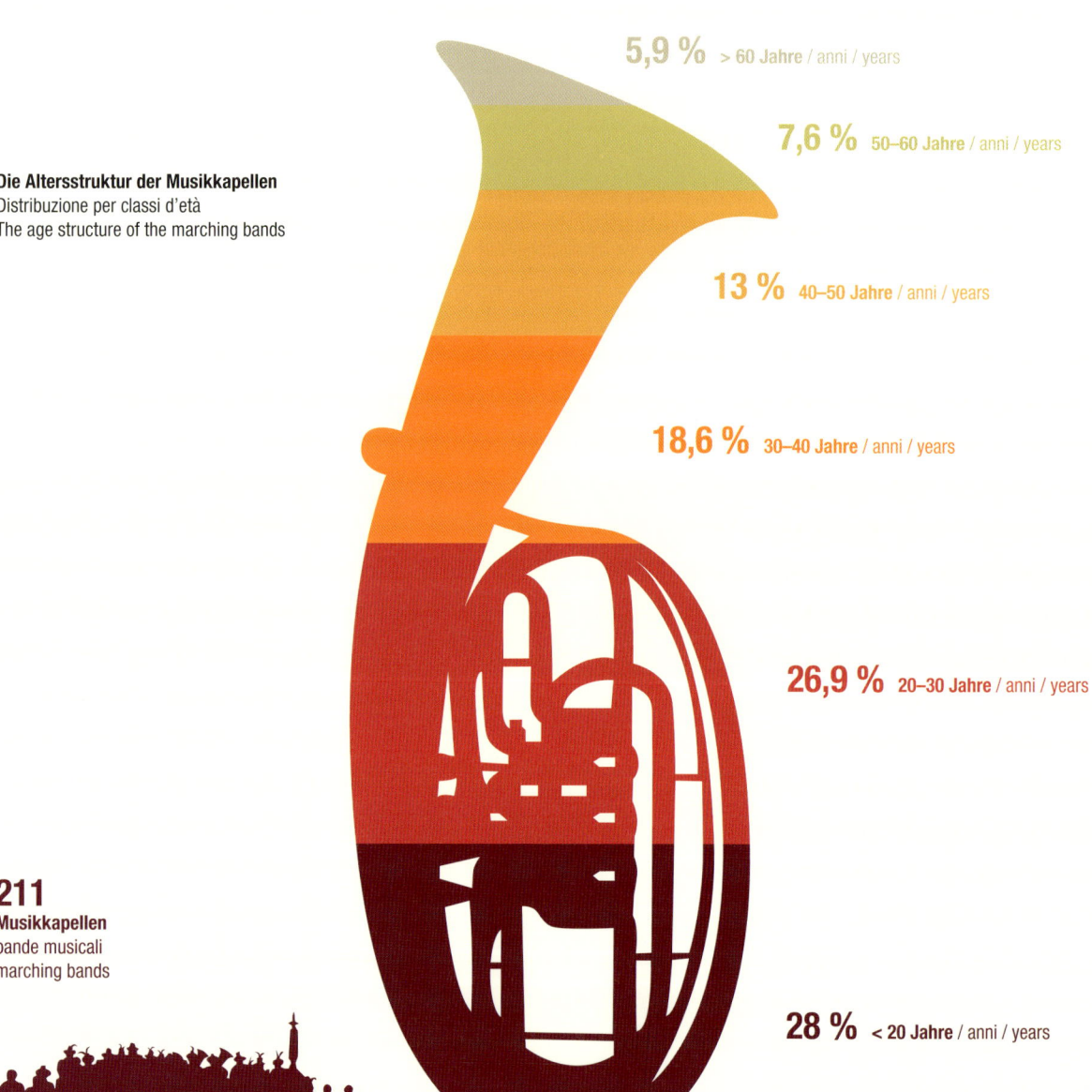

5,9 % > 60 Jahre / anni / years

7,6 % 50–60 Jahre / anni / years

Die Altersstruktur der Musikkapellen
Distribuzione per classi d'età
The age structure of the marching bands

13 % 40–50 Jahre / anni / years

18,6 % 30–40 Jahre / anni / years

26,9 % 20–30 Jahre / anni / years

211
Musikkapellen
bande musicali
marching bands

28 % < 20 Jahre / anni / years

9350

Musikantinnen und Musikanten

suonatrici e suonatori

musicians

27,3 %
Frauen
donne
women

72,7 %
Männer
uomini
men

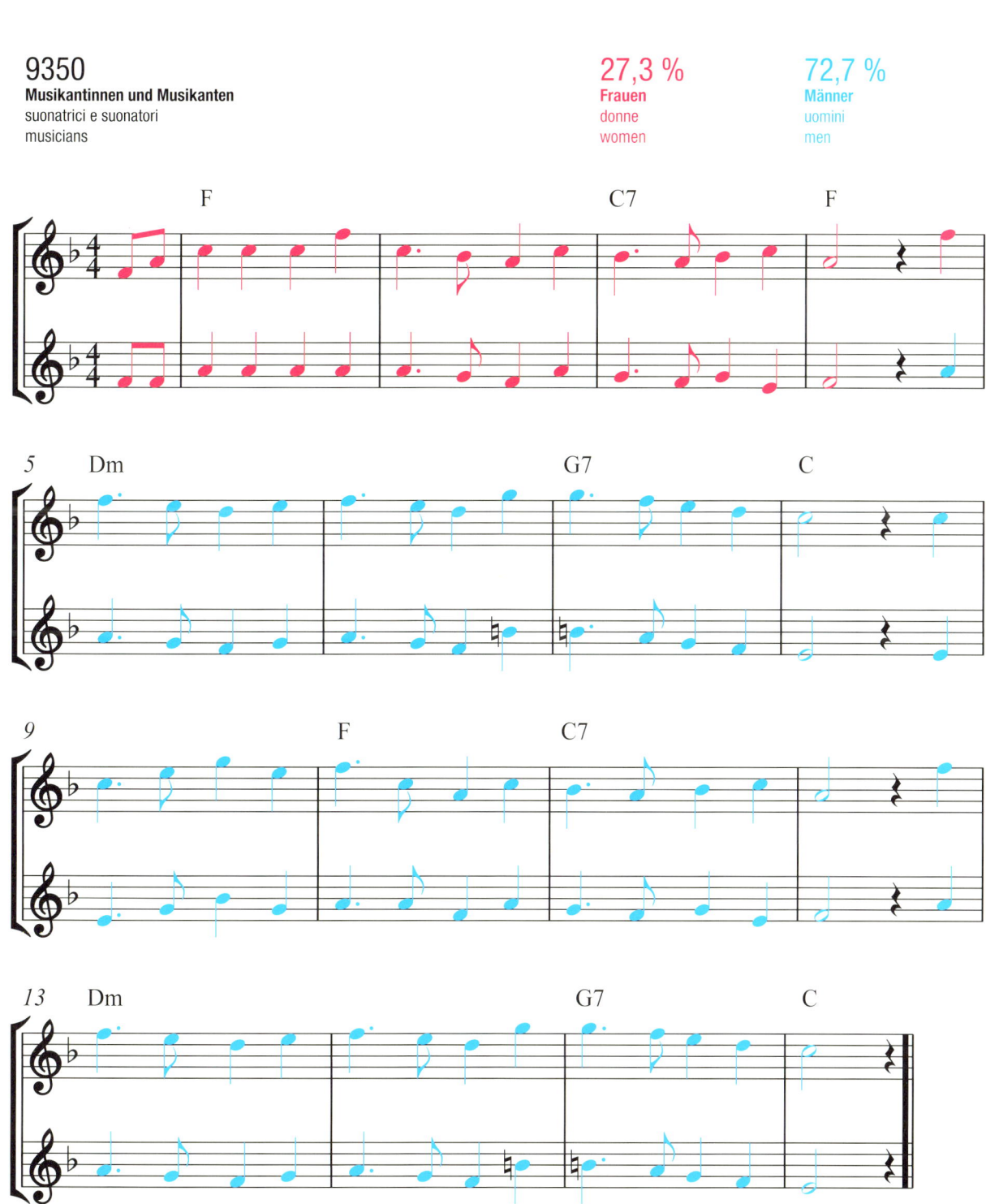

Musik bewegt
La mia banda suona... il folk
Move to the music

Auftritte, Proben und Instrumente der Südtiroler Musikkapellen / Esibizioni, prove e strumenti delle bande musicali altoatesine / Performances, rehearsals and instruments of South Tyrol's marching bands

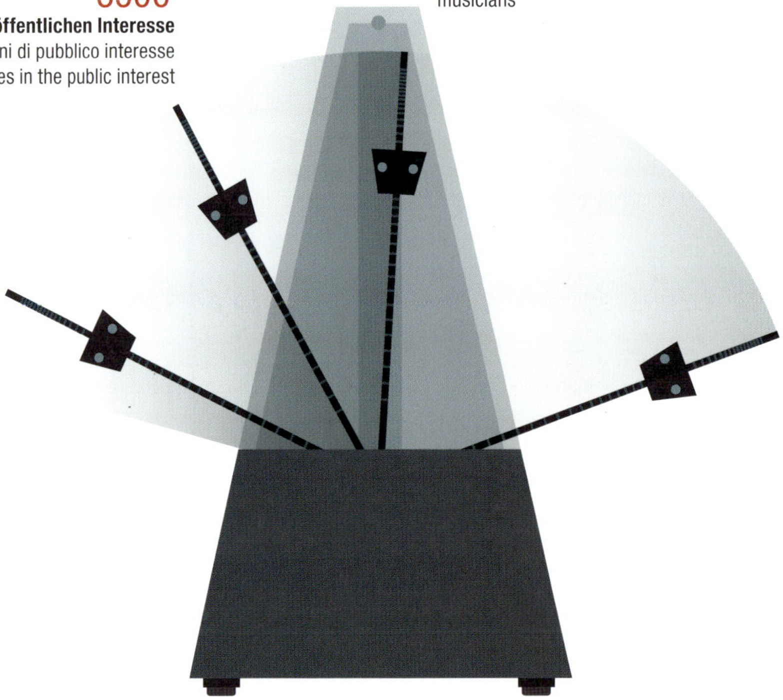

9350
Musikantinnen und Musikanten
suonatrici e suonatori
musicians

3500
Auftritte im öffentlichen Interesse
esibizioni di pubblico interesse
performances in the public interest

2600
öffentliche Konzerte
concerti pubblici
public concerts

16.000
Proben
prove
rehearsals

Marschaufstellungen
Formazioni da parata
Marching formations

ca. 30   ca. 40   ca. 50   ca. 60   ca. 60

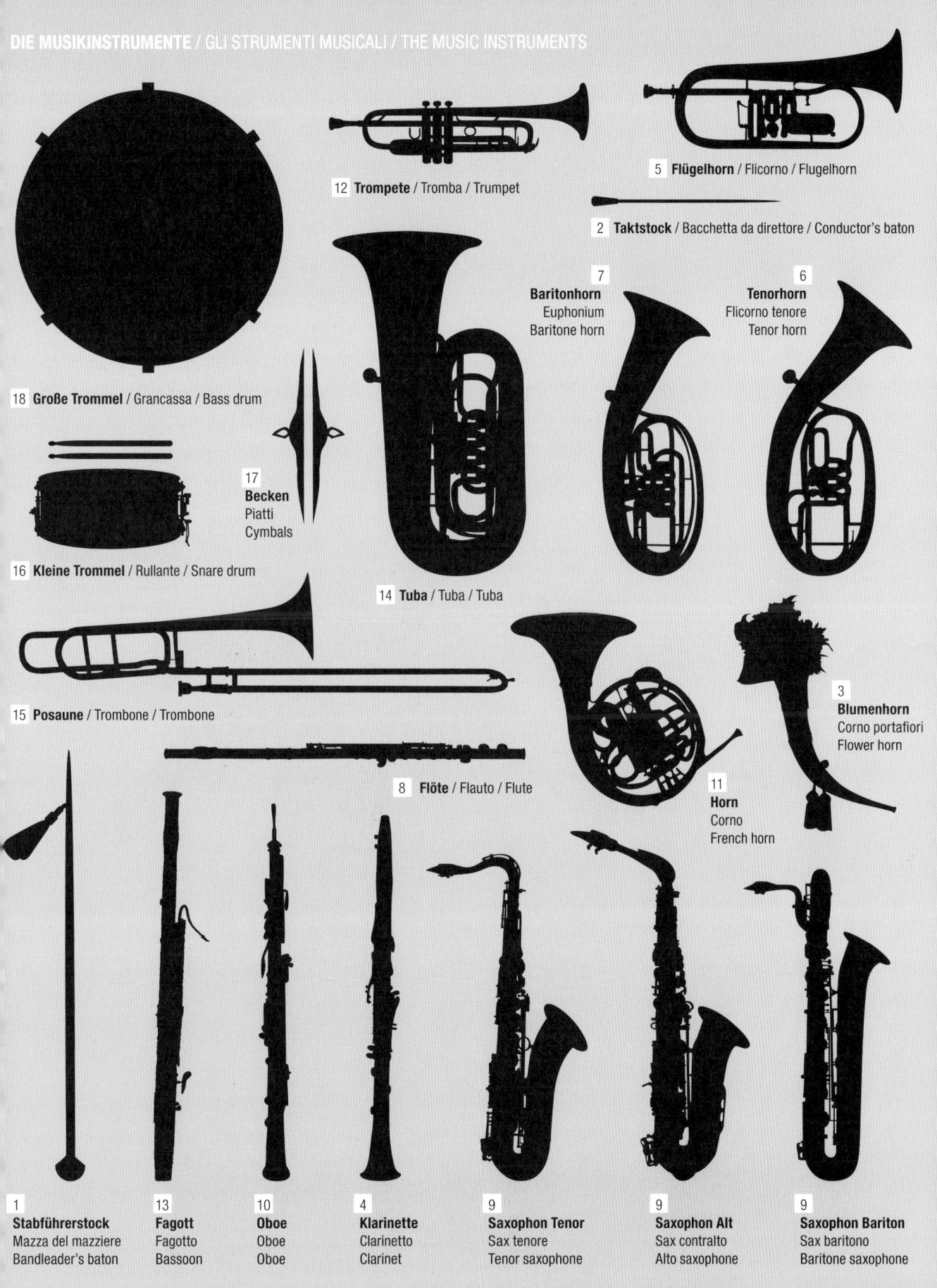

DIE MUSIKINSTRUMENTE / GLI STRUMENTI MUSICALI / THE MUSIC INSTRUMENTS

12 Trompete / Tromba / Trumpet

5 Flügelhorn / Flicorno / Flugelhorn

2 Taktstock / Bacchetta da direttore / Conductor's baton

7 Baritonhorn
Euphonium
Baritone horn

6 Tenorhorn
Flicorno tenore
Tenor horn

18 Große Trommel / Grancassa / Bass drum

17 Becken
Piatti
Cymbals

16 Kleine Trommel / Rullante / Snare drum

14 Tuba / Tuba / Tuba

15 Posaune / Trombone / Trombone

8 Flöte / Flauto / Flute

3 Blumenhorn
Corno portafiori
Flower horn

11 Horn
Corno
French horn

1 Stabführerstock
Mazza del mazziere
Bandleader's baton

13 Fagott
Fagotto
Bassoon

10 Oboe
Oboe
Oboe

4 Klarinette
Clarinetto
Clarinet

9 Saxophon Tenor
Sax tenore
Tenor saxophone

9 Saxophon Alt
Sax contralto
Alto saxophone

9 Saxophon Bariton
Sax baritono
Baritone saxophone

Kleider machen Leute
Mai fuori moda
Clothes make the (wo)man

Was zur Sarner Tracht gehört / Elementi del costume tradizionale
di Sarentino / The elements of traditional Sarntal costume

Accessoires für den *Tschöpf*
Accessori per l'acconciatura
Accessories for the braided
hairstyle

Tiechl / Scialle / Scarf

Untrtiechl mit *Haarnoudl, Kreizl* und bairische
(bäuerliche) *Ohrring*
Fazzoletto con spillone, forcine e orecchini tradizionali
di forma esagonale
Underscarf with hairpin, cross and "peasant" earrings

Huet / Baschetto / Hat

Schueh / Stivaletti / Shoes

Kietl / Vestito nero / Gown

Firte / Grembiule / Apron

Zirmgnahnte Fatsch / Cinturone in cuoio ricamato / Embroidered leather belt

Hemit / Giacchetta / Jacket

Såckbsteck
Borsino e suo contenuto
Pocket knives

Krax / Bretelle / Suspenders

Sacklar / Calze / Stockings

Reggile / Pipa in radica / Pipe

Leibl / Corpetto / Vest

Huet / Cappello di feltro / Hat

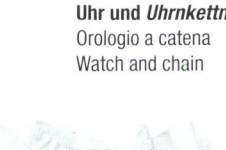

Höusn / Pantaloni / Trousers

Uhr und *Uhrnkettn*
Orologio a catena
Watch and chain

Schueh / Stivaletti / Shoes

Pfoat / Camicia / Shirt

Gute Arbeit!
Buon lavoro!
Good work!

Der blaue Schurz: multifunktionale, alltägliche Schutz- und Arbeitskleidung, Schweiß- und Handtuch, Sack ... / Il grembiule blu: tipico indumento del contadino, pratico e protettivo, adatto anche come telo tergisudore, come asciugamano o come sacco / The blue apron: multifunctional everyday protective garment and work uniform, for use as a sweat rag, towel, sack ...

Standby-Position nach Feierabend?
Standby di fine giornata?
Standby position at the end of a workday?

A Rausch isch miar liaber als a Fiaber

Meglio l'ebbrezza della febbre
Better intoxication than inflammation

Arbeit versaut den ganzen Tag

Il lavoro ammorba la giornata.
Work can ruin your whole day.

A casa comando io quando la moglie non c'è

I bin der Chef im Haus, wenn mei Frau nit do isch.
When the wife's not in, I'm the boss.

Sposato e Sistemato

Verheiratet und bedient
Married and settled down

Lustig und ledig

Felicemente non sposato
Single and lots of fun

I hon's nit leicht

Non è una vita facile.
I don't have it easy.

Gruß aus Südtirol

Saluti dal Sudtirolo
Greetings from South Tyrol

Mann mit Motorsäge sucht Frau mit Wald

Uomo con motosega cerca donna con boschetto.
Man with chainsaw seeks woman with forest.

Mei Ruah will i hob'n

Ho diritto alla mia pace.
I just want to be left in peace.

Heute Ruhetag

Oggi riposo
Today's my day off

Selten daheim

Raramente a casa
Seldom at home

Schwein gehabt

Una porca fortuna
You're in luck

Mensch du darfst nur eine lieben doch der Gockel 6 und 7

L'uomo può amarne solo una, il gallo anche sei o sette.
Why are men only allowed one love, but the rooster gets to have 6 or 7?

Alter Wein und junge Weiber sind die besten Zeitvertreiber

Vino vecchio e donne giovani.
Young women and old wine are the best way to spend your time.

Nessuno vede quando ho sete ma tutti vedono quando sono ubriaco

Keiner merkt's, wenn ich Durst hab, aber alle sehen's, wenn ich betrunken bin.
No one sees when I'm thirsty, but everyone notices when I'm drunk.

44

Reden ist Silber, Singen ist Gold
Le parole son d'argento, le canzoni... dischi d'oro
Talk is silver, song is golden

Die Kastelruther Spatzen: Mitglieder, Alben, Auszeichnungen / Kastelruther Spatzen: i componenti, gli album, i riconoscimenti / The Kastelruther Spatzen: members, albums, awards

Auszeichnungen / Riconoscimenti / Awards:

● Grand Prix der Volksmusik

● Echo

● Krone der Volksmusik

Kastelruther Spatzen

2012
2011
2010
2009
2008
2007
2006
2005
2004
2003
2002
2001
2000
1999
1998
1997
1996

Hand auf's Herz
Weihnachten bei uns daheim
Immer noch ... wie am ersten Tag
25 Jahre Kastelruther Spatzen
Ein Kreuz und eine Rose
Geschrieben für die Ewigkeit
Herz gewinnt, Herz verliert
Dolomiten-feuer
... und Singen ist Gold
Nino und das Geheimnis des Friedens 2
Zufall oder Schicksal
Berg ohne Wiederkehr
Herzenssache 16 Spatzen-Hits Instrumental
Liebe darf alles
Ich ein Gebet... es wird tun - das Beste 3
Und ewig wird der Himmel brennen
Jedes Abschied ist ein Gebet
Weihnachten mit den Kastelruther Spatzen
Die weiße Braut
Legende von Crodéres
Herzschlag für Kastelruther Classics 2
Spaß und Freude
Sterne über'm Rosengarten
Live in Berlin

Walter Mauroner
Valentin Silbernagl
Norbert Rier
Albin Gross
Karl Heufler
Rüdiger Hemmelmann
Kurt Dasser

...erste ...liebe ...ot ist
...feste der ...elruther ...tzen 2

Häufigste Wörter in Liedtiteln:
Parole più frequenti nei titoli delle canzoni:
Words appearing most frequently in song titles:

Mitglieder / Componenti / Members

Karl Schieder
Walter Mauroner
Valentin Silbernagl
Oswald Sattler
Ferdinand Rier
Anton Rier

Norbert Rier

Albin Gross

Karl Heutter

Rüdiger Hemm

Oswald Sattler

1977
1978
1979
1980
1981
1982
1983
1984
1985
1986
1987
1988
1989
1990
1991
1992
1993

Karl Schieder

Viel Spaß und Freude

Ich sag's dir mit Musik

Musikanten-gold

Servus Südtirol

Weihnachts-sterne

Wenn Berge träumen

Doch die Sehnsucht bleibt

Feuer im ewigen Eis

Wahrheit ist ein schmaler Grat

Das Beste der Kastelruther Spatzen

Eine weiße Rose

Die schönsten Liebeslieder

Der rote Diamant

Kastelru... Classi...

Atlantis de... Nino und das Geh... des Fri...

ewig eterno / forever

alle tutti / all

Herz cuore / heart

Friede pace / peace

Lied canzone / song

Gold oro / gold

nicht non / not

Glück felicità / joy

Augen occhi / eyes

Berg montagna / mountain

Dolomiten Dolomiti / Dolomites

Einsamkeit solitudine / loneliness

Kind bambino / child

wenn se / if

Sehnsucht nostalgia / desire

Leben vita / life

mein mio / my

ich io / I

Weihnachten Natale / Christmas

dein tuo / your

Traum sogno / dream

Stern stella / star

Heimat patria / home

Kastelruth Castelrotto

du tu / you

dir a te / to you

Himmel nostalgia / desire

mich me / me

Zeit tempo / time

Mädchen ragazza / girl

Träne lacrima / tear

wir noi / we

Liebe amore / love

Tag giorno / day

nur solo / only

Rose rosa / rose

immer sempre / always

dich per te / you

Der Ötzi-Code
Il codice Ötzi
The Iceman code

Der Mann aus dem Eis in Zahlen / L'Uomo venuto dal ghiaccio
in cifre / The Iceman in numbers

3210 m
Höhe des Fundorts
Altitudine del luogo di ritrovamento
Altitude of discovery site

92,56 m
Entfernung Fundort–Staatsgrenze
Distanza tra luogo di ritrovamento e confine di Stato
Distance from discovery site to national border

28
Zähne
Denti
Teeth

38
Schuhgröße
Numero di scarpe
Shoe size

19.9.1991
Datum der Auffindung
Data del ritrovamento
Date of discovery

5600
Freunde bei Facebook
Amici su facebook
Friends on facebook

500
Wissenschaftler, die zu Ötzi geforscht haben.
Scienzati che hanno condotto ricerche su Ötzi.
Scientists who have done research on the Iceman.

4.700.000
Treffer bei Google für „Ötzi"
Risultati su google per "Ötzi"
Google hits for "Ötzi"

59
Tätowierungslinien
Linee tatuate
Tattooed lines

819
Durchschnittliche Besucherzahl pro Tag
Media di visitatori al giorno
Average visitors per day

46
Lebensalter
Età
Age

3.500.000
Ötzi-Besucher bisher
Visitatori di Ötzi fino ad oggi
Total Ötzi visitors to date

K1ö
Haplogruppe
Aplogruppo di appartenenza
Haplogroup

1
Pfeilspitze im Rücken
Cuspide di freccia nella scapola
Arrowhead in back

0+

Blutgruppe
Gruppo sanguigno
Blood group

20 m

Entfernung, aus der man mit dem Ötzi-Pfeil ein Reh erlegen kann.
Distanza da cui si può abbattere un capriolo con una freccia di Ötzi.
Distance from which a deer can be slain with the Iceman's arrow.

46.77890°
10.83983°

Ötzi-Fundstelle
Coordinate del luogo di ritrovamento
Coordinates of discovery site

175.000 €

Ausbezahlter Finderlohn
Ricompensa versata agli scopritori
Reward paid

9 €

Wenn man Ötzi sehen will.
Biglietto d'ingresso al museo
Fee to see the Iceman

55 kg

Gewicht zu Lebzeiten
Peso da vivo
Weight while alive

13 kg

Gewicht der Mumie
Peso della mummia
Weight of mummy

11

Rippenpaare
Paia di costole
Pairs of ribs

160 cm

Körpergröße
Altezza
Height

00390471320100

Telefonnummer
Numero di telefono
Telephone number

5000

Alter der Mumie
Età della mummia
Age of mummy

−6 °C

Temperatur in der Kühlzelle
Temperatura della camera climatizzata
Temperature in refrigerated cell

98 %

Luftfeuchtigkeit in der Kühlzelle
Umidità atmosferica della camera climatizzata
Humidity in refrigerated cell

250

Eisfliesen in der Kühlzelle
Mattonelle di ghiaccio applicate nella camera climatizzata
Iced tiles in refrigerated cell

1

Frostbeule am kleinen Zeh
Gelone sul mignolo del piede
Chilblain on little toe

2

Finder
Scopritori
Discoverers

99 %

Kupferanteil in der Beilklinge
Percentuale di rame nella lama dell'ascia
Percent of copper in ax blade

0

Kopfhaare (alle ausgefallen)
Capelli in testa (in seguito a perdita completa)
Hair on head (has all fallen out)

27

Ausrüstungsgegenstände
Oggetti dell'equipaggiamento
Items of equipment

28.3.1998

Eröffnung Südtiroler Archäologiemuseum
Inagurazione del Museo Archeologico dell'Alto Adige
Opening of South Tyrol Museum of Archeology

Mehr als 1000 Jahre Kunst
Oltre 1000 anni di arte
More than 1.000 years of art

Denkmäler vom Frühmittelalter
bis zum Ersten Weltkrieg –
ausgewählt von Helmut Stampfer
/ Monumenti dall'Alto Medioevo
alla Prima guerra mondiale –
scelti da Helmut Stampfer /
Art monuments from
the Early Middle Ages to
World War I – selected
by Helmut Stampfer

Architektur und Skulpturen der Portale
Architettura e sculture dei portali
Architecture and sculptures of the portals

Architektur
Architettura
Architecture

Architektur
Architettura
Architecture

Jöchlsthu

Schloss Tirol
Castel Tirolo
Tyrol Castle

Schloss Wolfsthurn
Castel Wolfsthurn
Wolfsthurn Castle

Wandmalerei
Affreschi
Wall paintings

St. Prokulus
San Procolo

Fresken der Krypta, Portal der Stiftskirche
Affreschi della cripta, portale della chiesa abbaziale
Frescos in crypt, portal of collegiate church

Kloster Marienberg
Abbazia di Monte Maria
Marienberg Abbey

Mareit / Ma

Fresken und Stuck
Affreschi e stucchi
Frescos and plaster ornament

St. Benedikt
San Benedetto

Burgeis / Burgusio

Naturns / Naturno

Tirol / Tirolo

Mals / Malles

Churburg
Castel Coira
Churburg Castle

Schluderns / Sluderno

Meran / Merano

Meran / Merano

Architektur und Malerei des Loggienganges, Holzskulptur Jakob V. Trapp
Architettura e pitture del loggiato, scultura lignea raffigurante Jakob V Trapp
Architecture and paintings of the loggia, wooden sculpture of Jakob V Trapp

Niederlana / Lana di Sotto

Eppan / Appiano

Kurhaus

Architektur von F. Ohmann, Deckenmalerei von R. Jettmar
Architettura di F. Ohmann, dipinti del soffitto di R. Jettmar
Architecture by F. Ohmann, ceiling paintings by R. Jettmar

Stadttheater
Teatro Puccini
Merano theatre

Architektur von M. Dülfer
Architettura di M. Dülfer
Architecture by M. Dülfer

Pfarrkirche
Chiesa parrocchiale
Parish church

Burgruine Boymont
Castel Boymont
Boymont Castle

Franziskaner
Chiesa dei Fran
Franciscan ch

Schnatterpeckaltar
Altare di Hans Schnatterpeck
Schnatterpeck altar

Architektur
Architettura
Architecture

Architektur
Architettura
Architecture

Standfigur hl. Georg
Statua di san Giorgio
Statue of St. George

Architektur und Lusterweibchen
Architettura e portacandele
con figura femminile
Architecture and chandelier
with female torso

Pfarrkirche
a parrocchiale
rish church

Rathaus
Municipio
Town Hall

Schloss Rodenegg
Castel Rodengo
Rodenegg Castle

Iwain-Fresken
Ciclo affrescato di Iwain
Iwain frescos

Architektur, Wandmalerei von M. Günther
Architettura, affreschi di M. Günther
Architecture, wall paintings by M. Günther

Stiftskirche Neustift
Chiesa abbaziale
di Novacella
Neustift Collegiate
Church

Domkreuzgang
Chiostro del Duomo
Cathedral cloister

Wandmalereien
Affreschi
Wall paintings

Architektur, Deckenfresken von P. Troger
Architettura, affreschi della volta di P. Troger
Architecture, ceiling paintings by P. Troger

Dom
Duomo
Cathedral

g / Vintorno

Rodeneck / Rodengo

Vahrn / Varna

Brixen / Bressanone

Brixen / Bressanone

Innichen / San Candido

Feldthurns / Velturno

Waidbruck / Ponte Gardena

/ Bolzano

/ Bolzano

Stiftskirche
Collegiata
Collegiate church

Architektur, Bauplastik und Kreuzigungsgruppe
Architettura, sculture architettoniche
e gruppo Crocifissione
Architecture, architectural sculpture
and crucifixion group

Schloss Velthurns
Castel Velturno
Velthurns Castle

Fürstenzimmer
Camera del principe vescovo
State room of the Prince-Bishop

Trostburg

Rittersaal mit Stuckskulpturen
Salone con sculture in stucco
Great hall and plaster figures

Schloss Runkelstein
Castel Roncolo
Runkelstein Castle

Höfische Wandmalereien
Affreschi cavallereschi
Courtly wall paintings

Gerstburg

Dom
Duomo
athedral

Architektur Turm
Architettura campanile
Architecture of clocktower

Fresken von M. Knoller
Affreschi di M. Knoller
Frescos by M. Knoller

EPOCHE / EPOCA / PERIOD

FRÜHMITTELALTER
ALTO MEDIOEVO
EARLY MIDDLE AGES

ROMANIK
ROMANICO
ROMANESQUE

GOTIK
GOTICO
GOTHIC

RENAISSANCE
RINASCIMENTO
RENAISSANCE

BAROCK
BAROCCO
BAROQUE

JUGENDSTIL
STILE LIBERTY
LIBERTY STYLE

Wegweiser zum Himmel
Questioni di campanile
Guideposts to heaven

Kirchen und Kirchtürme im „Heiligen Land Tirol" / Chiese
e campanili nella "sacra terra del Tirolo" / Churches and
church spires in the "Holy Land of Tyrol"

Kirchen mit regelmäßigem Gottesdienst
Chiese con messe regolari
Churches with regular services
✝ 369

Kirchen pro 1000 Einwohner
Chiese per 1000 abitanti
Churches per 1,000 inhabitants
⌐ 1,8

Größte Glocke
La campana più grande
Largest bell
🔔 6248 kg

Algund
Lagundo

Riffian
Riffiano

Meran
Merano

Bozen, Christkönig
Bolzano, Cristo Re

Graun
Curon

Bozen, Dom
Bolzano, Duomo

Mitterlana
Lana di Mezzo

Schenna
Scena

Laatsch
Laudes

Tramin
Termeno

St. Pauls
San Paolo

Schlanders
Silandro

**Tartsch,
St. Veit**
Tarces, San V

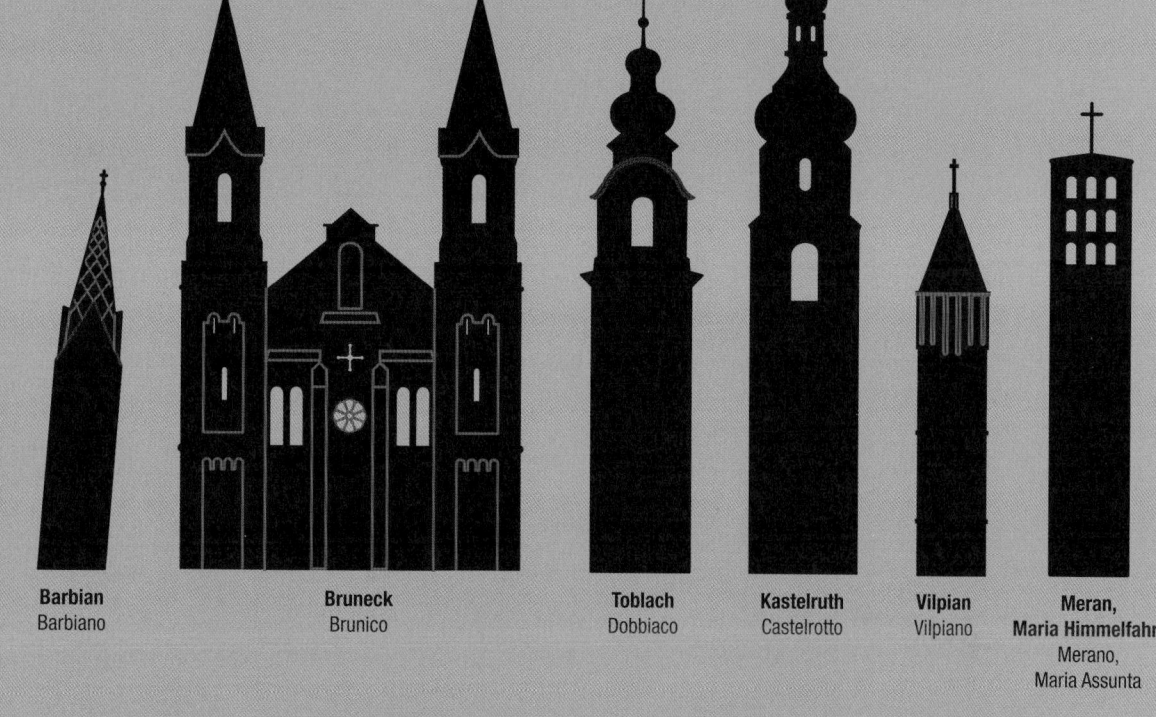

**Latsch,
St. Sisinius**
Laces,
San Sisinio

Barbian
Barbiano

Bruneck
Brunico

Toblach
Dobbiaco

Kastelruth
Castelrotto

Vilpian
Vilpiano

**Meran,
Maria Himmelfahrt**
Merano,
Maria Assunta

Tiers
Tires

Tisens
Tesimo

Sterzing
Vipiteno

Jenesien
San Genesio

Brixen
Bressanone

Terlan
Terlano

**Naturns,
St. Prokulus**
Naturno,
San Procolo

Das höchste der Gefühle
Il massimo dei massimi
As good as it gets

Südtiroler Superlative / Dati record dell'Alto Adige / South Tyrolean superlatives

Längster Eisenbahntunnel
Il tunnel ferroviario più lungo
Longest railway tunnel

Höchstgelegene Schutzhütte
Il rifugio alpino più alto in quota
Highest mountain shelter

Längster Waalweg
Il sentiero più lungo in riva a un canale d'irrigazione
Longest irrigation channel path

Älteste Bäume
Gli alberi più antichi
Oldest trees

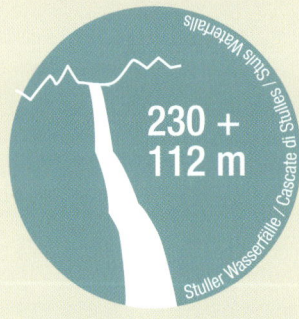

Wasserfall mit der größten Fallhöhe
Le cascate con la maggiore altezza di caduta
Waterfall with biggest drop

Höchstgelegener See
Il lago più alto in quota
Highest lake

Älteste und größte Weinrebe
La vite più antica e più grande
Oldest and largest grapevine

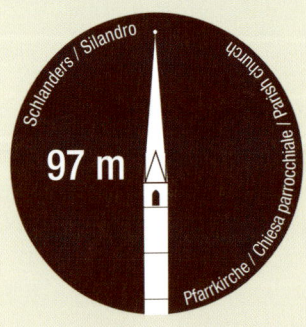

Höchster Kirchturm
Il campanile più alto
Tallest church spire

Flächenmäßig größte Gemeinde
Il comune con la maggior superficie territoriale
Largest municipality area-wise

3905 m

Ortler / Ortles

Höchster Berg
La montagna più alta
Highest mountain

2760 m

Stilfser Joch / Passo dello Stelvio

Höchste Passstraße Europas
La strada di valico più alta d'Europa
Highest pass in Europe

1340 m

Abbazia benedettina di Monte Maria / Marienberg Benedictine Abbey, Burgusio

BenediktinerKloster Marienberg, Burgeis

Höchstgelegene Abtei Europas
L'abbazia più alta in quota d'Europa
Hightest abbey in Europe

Barbian / Barbiano

Schiefster Kirchturm
Il campanile più pendente
Most crooked church spire

Aldeiner Brücke / Ponte di Aldino / Aldein Bridge

110 m

Höchste Brücke
Il ponte più alto
Highest bridge

4565 m

Rittner Seilbahn / Funivia del Renon / Ritten cable car

Längste Dreiseilumlaufbahn der Welt
La cabinovia trifune più lunga del mondo
Longest tricable gondola detachable in the world

Ötzi

5000
Jahre / anni / years

Ältester „Südtiroler"
Il "sudtirolese" più vecchio
Oldest "South Tyrolean"

Arunda, Mölten / Meltina

Höchstgelegene Sektkellerei Europas
Lo spumantificio più alto in quota d'Europa
Highest sparkling wine cellar in Europe

* 1874

249 Folie, Schluderns / Sluderno

1. Haflingerpferd
Il primo cavallo avelignese
1st Haflinger horse

1,66 km²

Kuens / Caines

Flächenmäßig kleinste Gemeinde
Il comune con la minor superficie territoriale
Smallest municipality area-wise

46 m

Wilder See / Lago Selvaggio, Vals / Valles

Tiefster See
Il lago più profondo
Deepest lake

Glurns / Glorenza

Kleinste Stadt
La città più piccola
Smallest town

Wann sind wir endlich da?
Quanto manca?
Are we there yet?

Entfernung in Luftlinie und auf der Straße / Distanze stradali e
in linea d'aria / Distances on the road and by airplane

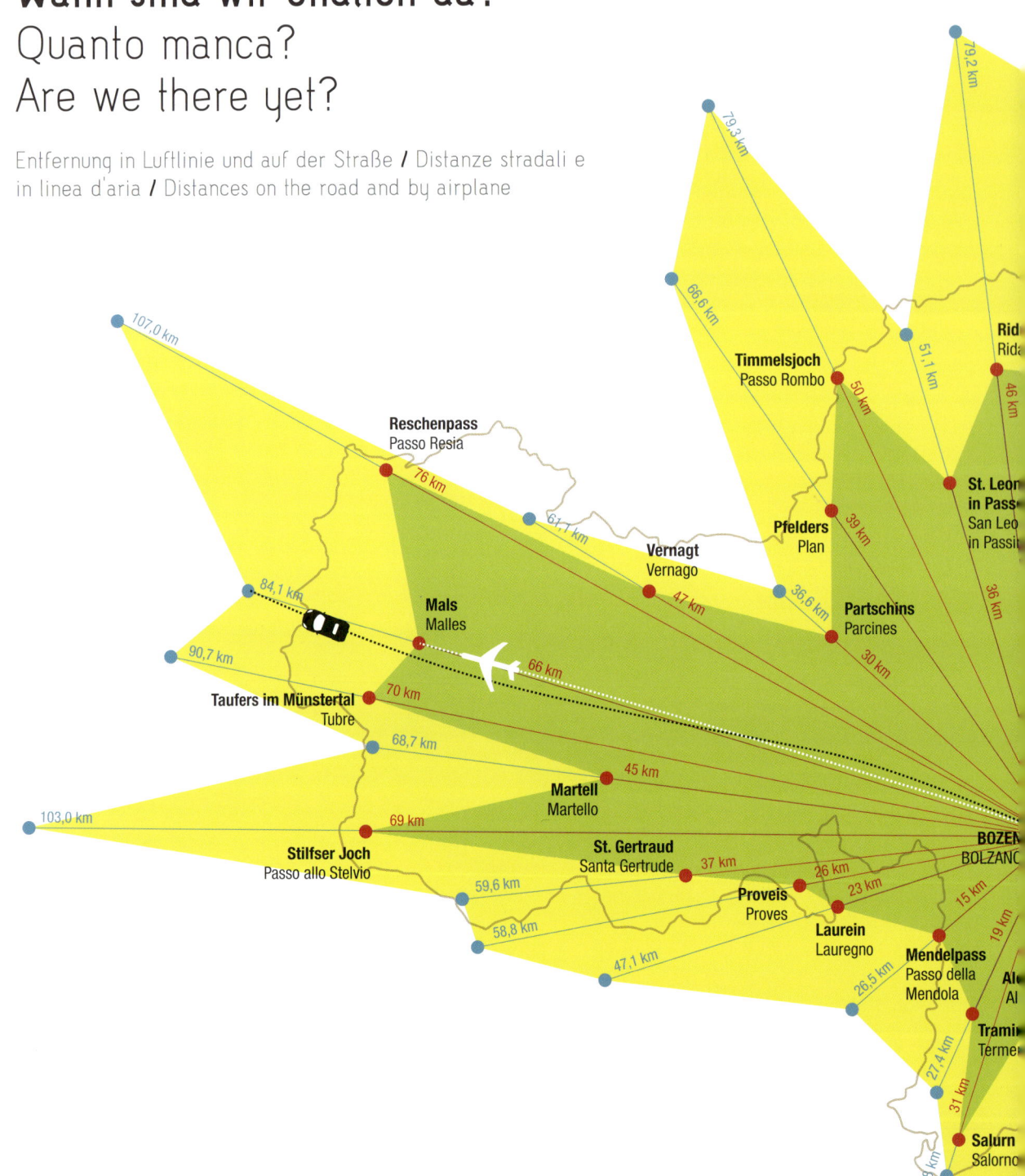

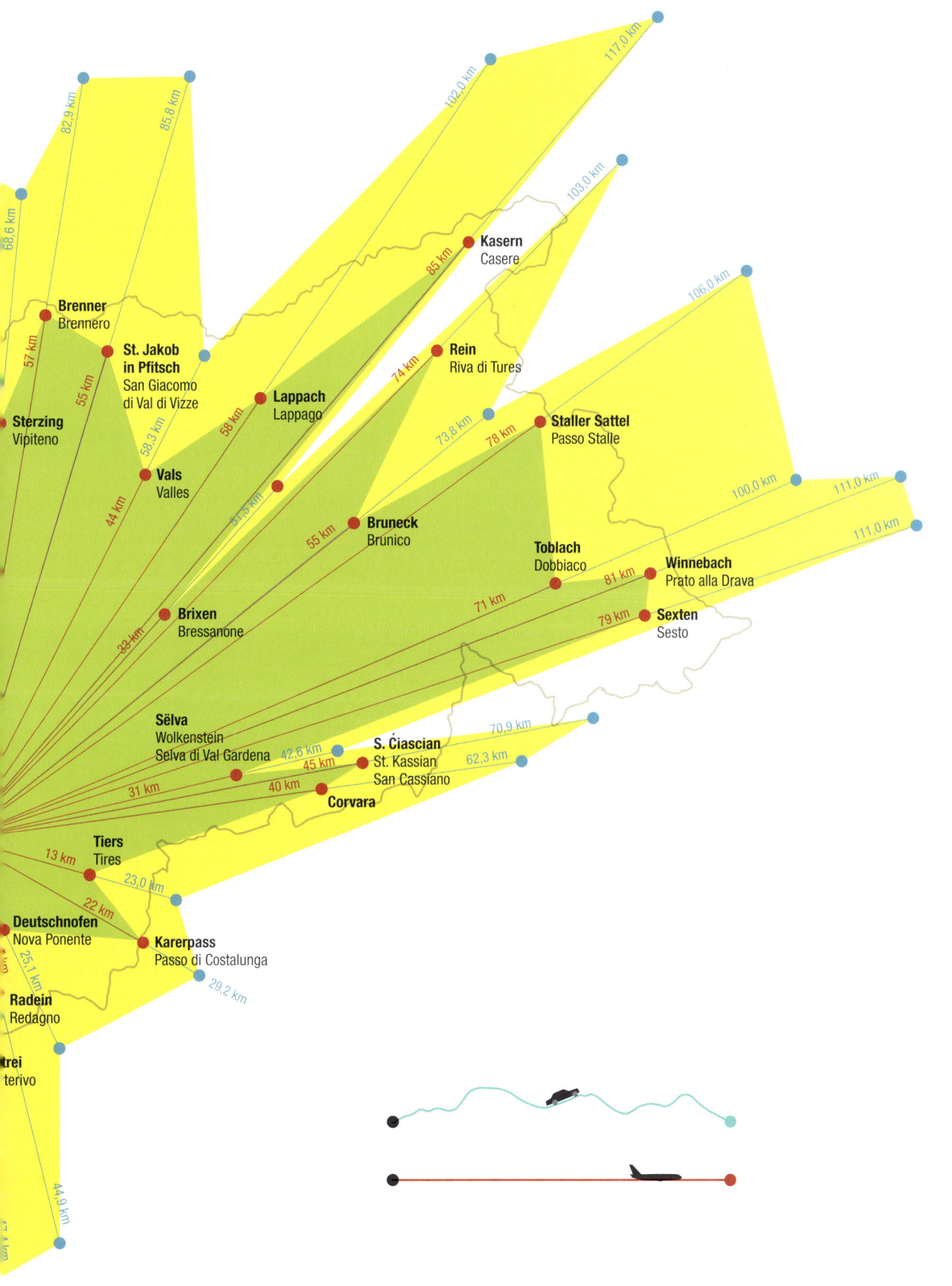

Kasern
Casere

85 km

Brenner
Brennero

**St. Jakob
in Pfitsch**
San Giacomo
di Val di Vizze

Rein
Riva di Tures

74 km

Lappach
Lappago

58 km

Sterzing
Vipiteno

Staller Sattel
Passo Stalle

78 km

73,8 km

Vals
Valles

Bruneck
Brúnico

55 km

Brixen
Bressanone

Toblach
Dobbiaco

Winnebach
Prato alla Drava

81 km

71 km

Sexten
Sesto

79 km

Sëlva
Wolkenstein
Selva di Val Gardena

70,9 km

S. Ćiascian
St. Kassian
San Cassiano

62,3 km

42,6 km

45 km

40 km

Corvara

31 km

Tiers
Tires

13 km

23,0 km

Deutschnofen
Nova Ponente

22 km

Karerpass
Passo di Costalunga

25,1 km

29,2 km

Radein
Redagno

trei
terivo

44,9 km

82,9 km

85,8 km

68,6 km

102,0 km

117,0 km

103,0 km

106,0 km

100,0 km

111,0 km

111,0 km

57 km

55 km

58,3 km

44 km

38 km

51,5 km

55 km

56

Endlos unterwegs in den Bergen
Chilometri totali?
Long and winding mountain roads

Wie lang sind Südtirols Verkehrswege? **/** Lunghezza delle maggiori vie di comunicazione in Alto Adige **/** How long are the various traffic routes in South Tyrol?

Skipisten / Piste da sci / Ski slopes

Straßennetz / Rete stradale / Road network + **Autobahn** / Autostrada / Motorway

Wanderwege / Sentieri escursionistici / Hiking paths

Musikkapellen / Bande musicali / Marching bands 4 km

Zebrastreifen / Strisce pedonali / Crosswalks 18,9 km

Eisenbahnlinien / Linee ferroviarie / Railroad lines 287 km

Aufstiegsanlagen / Impianti funiviari / Mountain transport systems 406,4 km

Radwege / Piste ciclabili / Bicycle paths 478 km

960 km

8542 km + 133 km

17.000 km

In die Lüfte schweben
Tutti in vetta senza fatica
Suspended in mid-air

9 Möglichkeiten, um bequem auf den Berg zu
kommen / 9 comode soluzioni per salire in quota /
9 ways to comfortably ascend a mountain

505.067

**Sämtliche Einwohner Südtirols
könnten in einer Stunde in die
Höhe transportiert werden!**
In un'ora, gli impianti esistenti
potrebbero trasportare in quota
l'intera popolazione altoatesina!
It is possible to convey all of South
Tyrol's residents up to the heights
within one hour!

ENTWICKLUNG DER FÖRDERLEISTUNG
SVILUPPO DELLA PORTATA ORARIA
DEVELOPMENT OF TRANSPORT CAPACITY

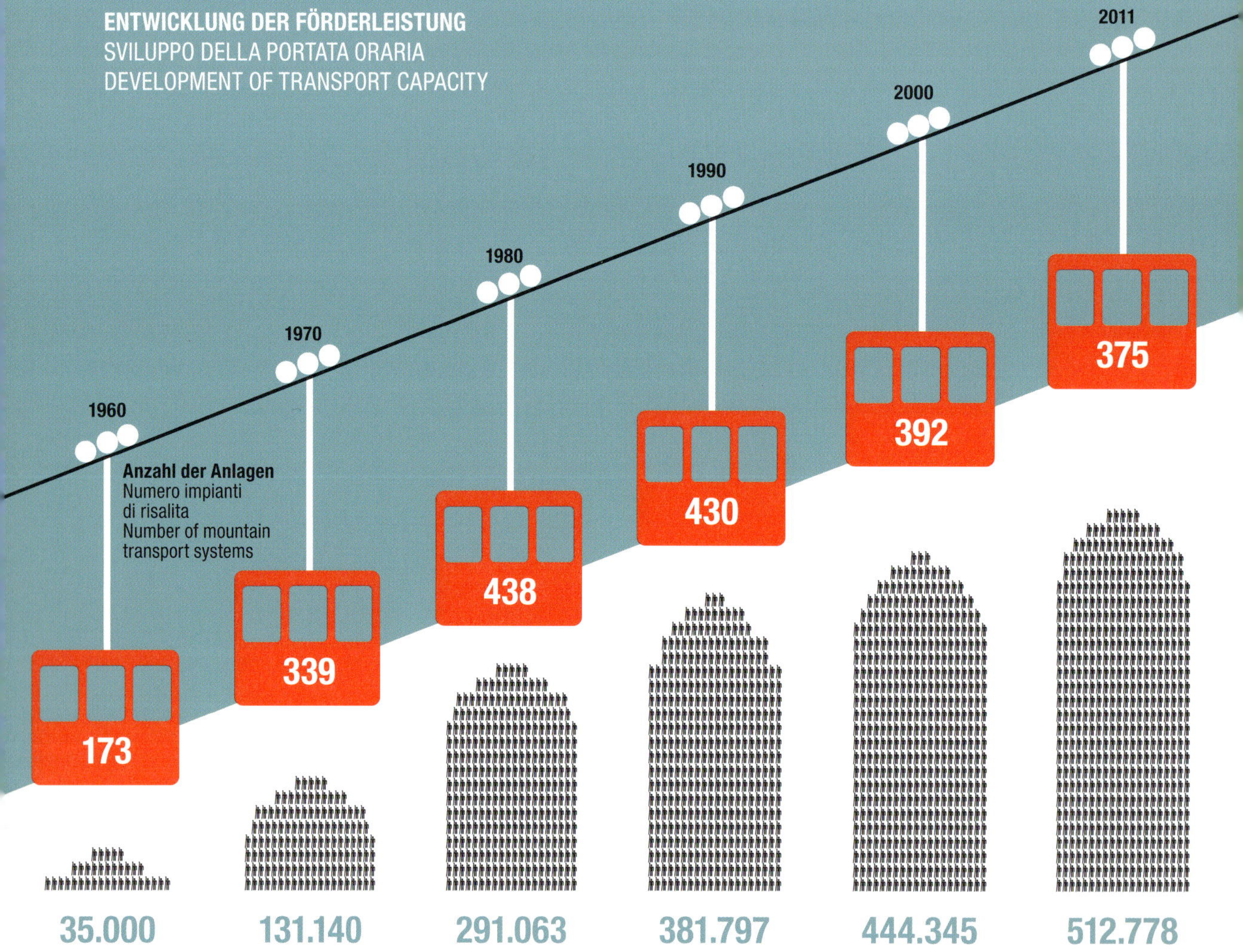

Anzahl der Anlagen
Numero impianti
di risalita
Number of mountain
transport systems

1960 — 173
1970 — 339
1980 — 438
1990 — 430
2000 — 392
2011 — 375

35.000   131.140   291.063   381.797   444.345   512.778

Förderleistung pro Stunde / persone/ora / persons/hour

375

Anzahl der Aufstiegsanlagen
Numero impianti di risalita
Number of mountain transport systems

120

Skilift
skilift
ski lifts

Einseilumlaufbahn mit fixgeklemmten Sesseln oder Körben
impianti monofune con veicoli fissi (sedute o bidoncini)
monocable lift with fixed grip chairs or gondolas

95

Einseilumlaufbahn mit kuppelbaren Sesseln
impianti monofune con sedute a sganciamento automatico
monocable lifts with detachable chairs

71

56

Einseilumlaufbahn mit kuppelbaren Kabinen
impianti monofune con cabine a sganciamento automatico
monocable lifts with detachable gondolas

23

Zweiseilpendelbahn
funivie bifune
bicable reversible ropeways

Zweiseilumlaufbahn mit kuppelbaren Kabinen
funivie bifune a sganciamento automatico
bicable lifts with detachable gondolas

4

2

Einseilumlaufbahn mit kuppelbaren Kabinen und Sesseln
funivie monofune con cabine e sedute a sganciamento automatico
monocable lifts with detachable gondolas and chairs

Standseilbahn
funicolari
funiculars

3

1

Schrägaufzug
ascensore inclinato
inclined elevator

Frau Holle auf die Sprünge geholfen
Una neve che è tutto un programma
Mother Holle gets a helping hand

Technischer Schnee auf Südtirols Skipisten und was er kostet / Produzione di
neve programmata per le piste dell'Alto Adige e relativi costi / Artificial snow on
South Tyrol's ski slopes and what it costs

≈ 75 %

der Skipisten Südtirols können technisch beschneit werden.
delle piste da sci altoatesine può essere innevato artificialmente.
of South Tyrol's ski slopes can be covered in artificial snow.

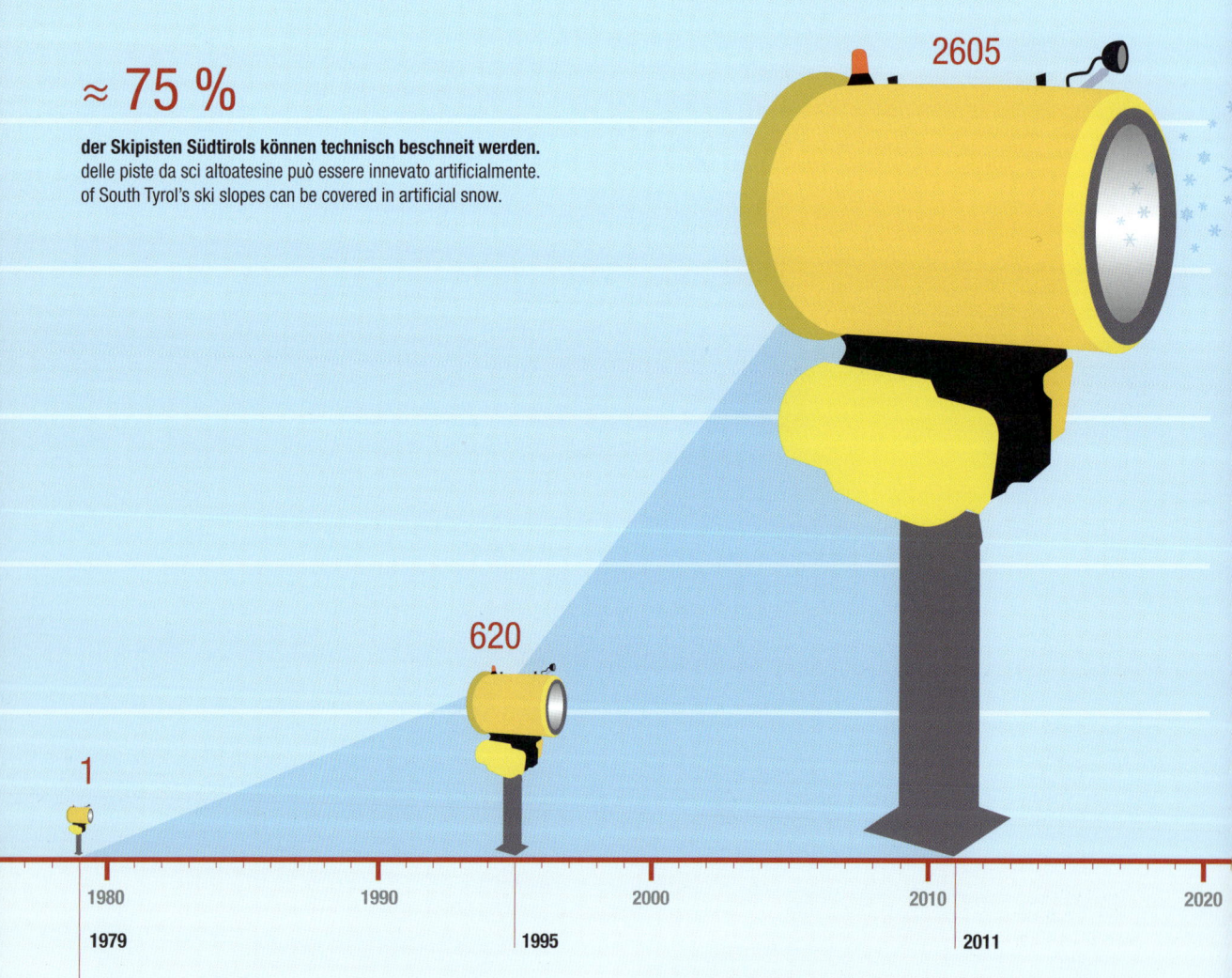

2605

620

1

| 1980 | 1990 | 2000 | 2010 | 2020 |

1979   1995   2011

1. Schneekanone Südtirols / Primo cannone da neve dell'Alto Adige / South Tyrol's first snow cannon
(**aufgestellt von** / installato da / set up by: **Erwin Stricker**)

**MENGE UND KOSTEN DES TECHNISCHEN
SCHNEES EINER SKISAISON**
QUANTITÀ E COSTO TOTALE DELLA NEVE
PROGRAMMATA IN UNA STAGIONE SCIISTICA
AMOUNT AND COSTS OF ARTIFICIAL
SNOW PER SKI SEASON

500 m

72.000.000 €

14.380.000 m³

62 m

165,74 m

Bozner Dom
Duomo di Bolzano
Bolzano cathedral

Auf Spurensuche
Sulle tracce di ...
Tracing paths

Waldbewohner und ihre Fußabdrücke / Impronte di alcuni abitanti
(e frequentatori) del bosco / Forest inhabitants and their tracks

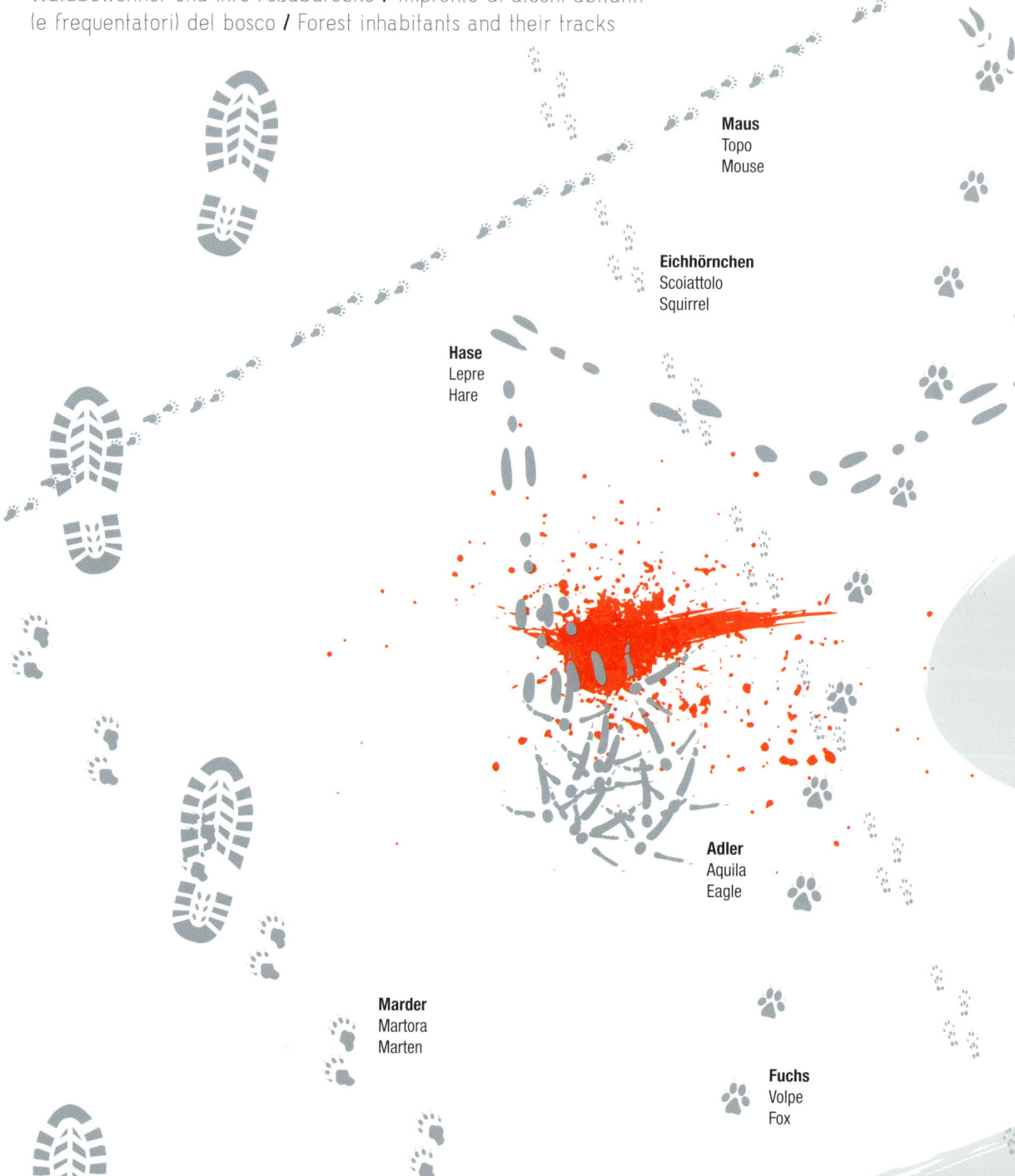

Maus
Topo
Mouse

Eichhörnchen
Scoiattolo
Squirrel

Hase
Lepre
Hare

Adler
Aquila
Eagle

Marder
Martora
Marten

Fuchs
Volpe
Fox

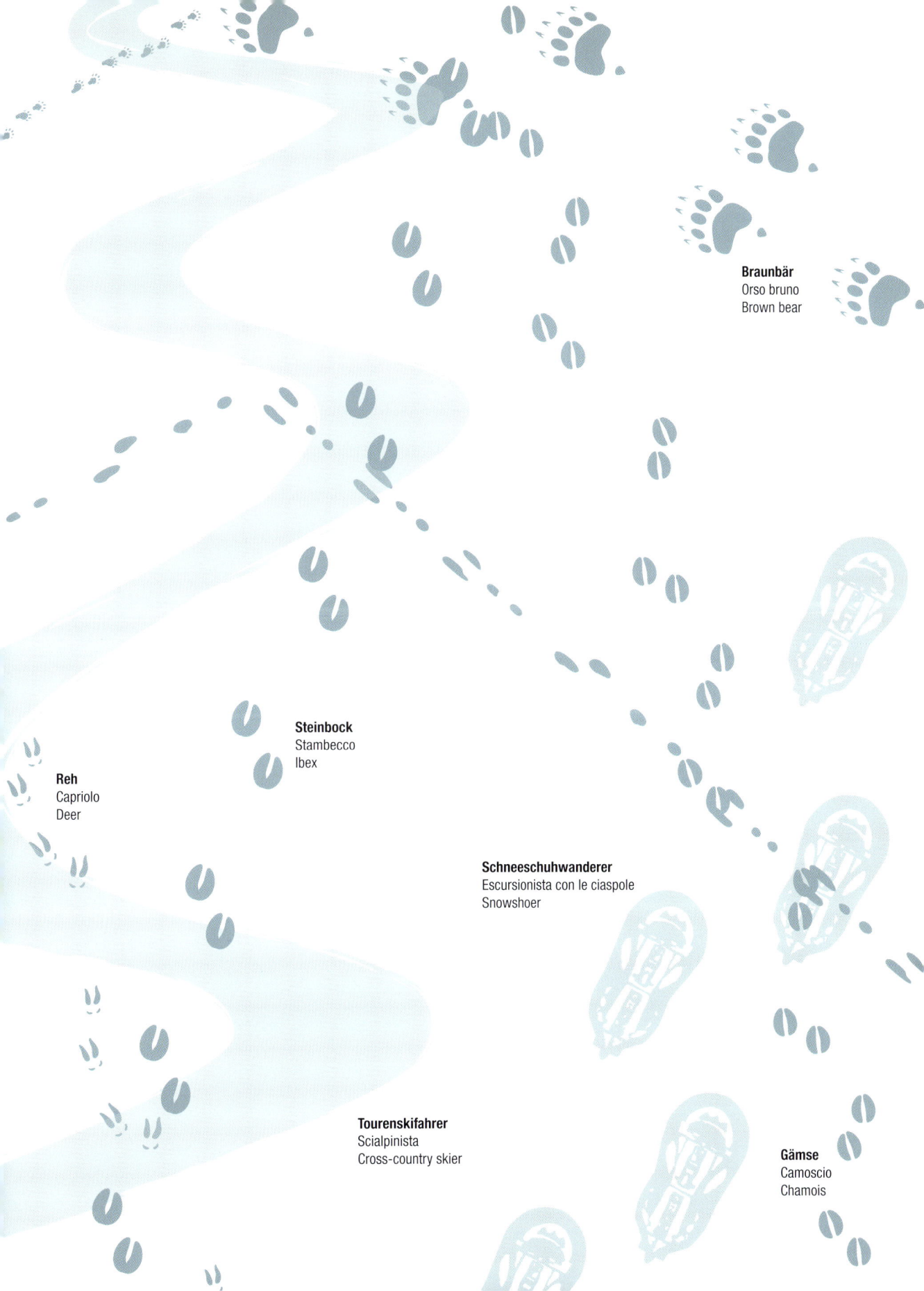

Braunbär
Orso bruno
Brown bear

Steinbock
Stambecco
Ibex

Reh
Capriolo
Deer

Schneeschuhwanderer
Escursionista con le ciaspole
Snowshoer

Tourenskifahrer
Scialpinista
Cross-country skier

Gämse
Camoscio
Chamois

Es kreucht und fleucht …
Bestiario provinciale
All creatures great and small …

Eine Bevölkerungsstatistik Südtirols **/** Una statistica dei popolamenti
animali in Alto Adige **/** South Tyrolean population statistics

131.387
Rinder / bovini / cattle

> 28.000
Kaninchen / conigli / rabbits

22.900
Ziegen / capre / goats

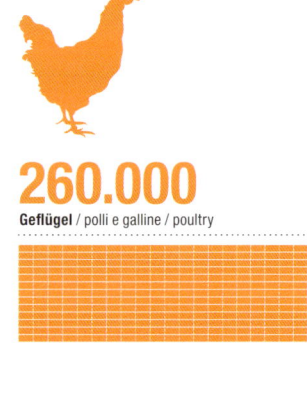

260.000
Geflügel / polli e galline / poultry

48.100
Schafe / pecore / sheep

9923·
Schweine / maiali / pigs

♂ 73
♀ 9850

50.000
Murmeltiere / marmotte / marmots

400
Lamas und Alpakas / lama e alpaka / llamas and alpacas

250
Riesenschlangen / boa / boa constrictors

7600
Pferde / cavalli / horses

36.052
Bienenvölker / colonie di api / bee colonies

837.650
Plüschtiere / animali di peluche / cuddly toys

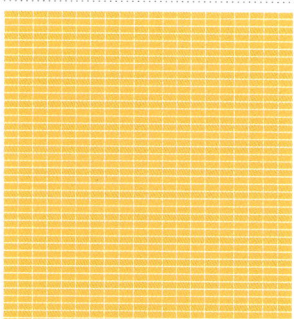

≈ **55.000**
Katzen / gatti / cats

33.000
Hunde / cani / dogs

258.508.000.000
Regenwürmer / lombrichi / earthworms *

x 10

41
Strauße / struzzi / ostriches

505.067
Homo sapiens

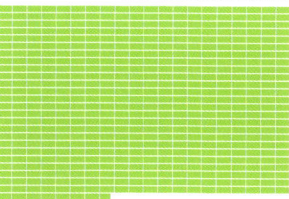

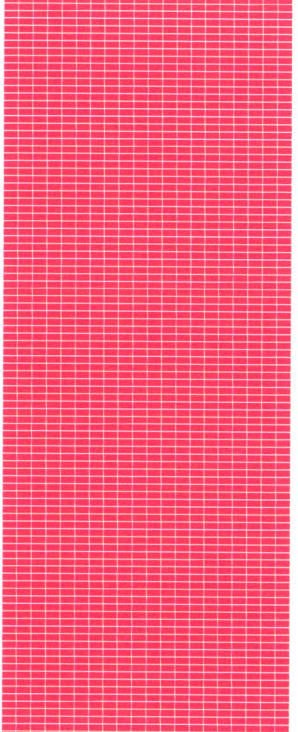

> 40
Leguane / iguana / iguanas

1500
Schildkröten / tartarughe / tortoises

* **nur in den Dauerwiesen** / solo nei prati / in the grasslands only

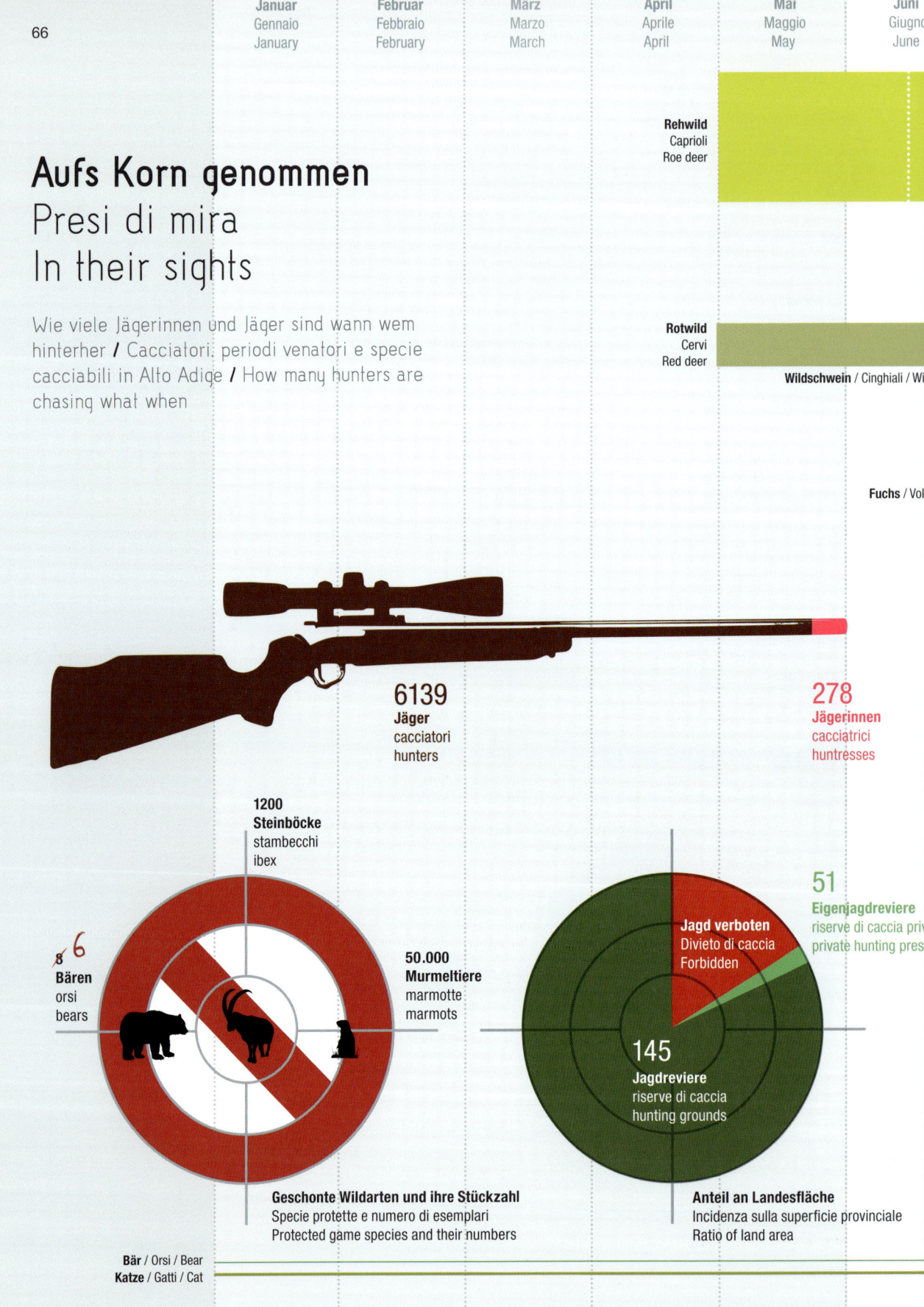

Aufs Korn genommen
Presi di mira
In their sights

Wie viele Jägerinnen und Jäger sind wann wem
hinterher / Cacciatori, periodi venatori e specie
cacciabili in Alto Adige / How many hunters are
chasing what when

Rehwild
Caprioli
Roe deer

Rotwild
Cervi
Red deer

Wildschwein / Cinghiali / Wilc

Fuchs / Volp

6139
Jäger
cacciatori
hunters

278
Jägerinnen
cacciatrici
huntresses

1200
Steinböcke
stambecchi
ibex

50.000
Murmeltiere
marmotte
marmots

51
Eigenjagdreviere
riserve di caccia priv
private hunting prese

8 6
Bären
orsi
bears

Jagd verboten
Divieto di caccia
Forbidden

145
Jagdreviere
riserve di caccia
hunting grounds

Geschonte Wildarten und ihre Stückzahl
Specie protette e numero di esemplari
Protected game species and their numbers

Anteil an Landesfläche
Incidenza sulla superficie provinciale
Ratio of land area

Bär / Orsi / Bear
Katze / Gatti / Cat

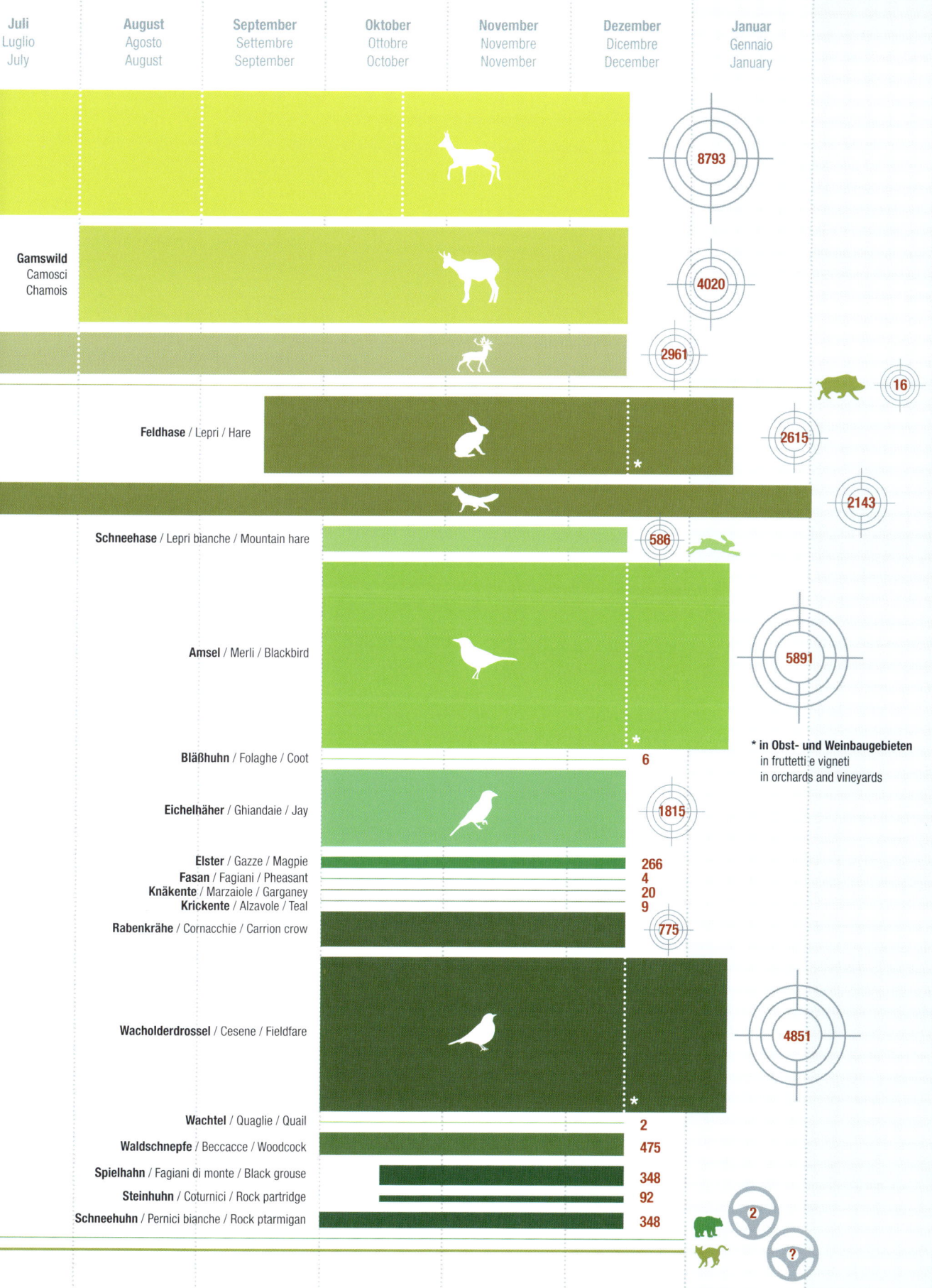

Juli	August	September	Oktober	November	Dezember	Januar
Luglio	Agosto	Settembre	Ottobre	Novembre	Dicembre	Gennaio
July	August	September	October	November	December	January

8793

Gamswild Camosci Chamois

4020

2961

16

Feldhase / Lepri / Hare

2615

*

2143

Schneehase / Lepri bianche / Mountain hare

586

Amsel / Merli / Blackbird

5891

*

* in Obst- und Weinbaugebieten
in frutteti e vigneti
in orchards and vineyards

Bläßhuhn / Folaghe / Coot

6

Eichelhäher / Ghiandaie / Jay

1815

Elster / Gazze / Magpie

266

Fasan / Fagiani / Pheasant

4

Knäkente / Marzaiole / Garganey

20

Krickente / Alzavole / Teal

9

Rabenkrähe / Cornacchie / Carrion crow

775

Wacholderdrossel / Cesene / Fieldfare

4851

*

Wachtel / Quaglie / Quail

2

Waldschnepfe / Beccacce / Woodcock

475

Spielhahn / Fagiani di monte / Black grouse

348

Steinhuhn / Coturnici / Rock partridge

92

Schneehuhn / Pernici bianche / Rock ptarmigan

348

2

?

Bäume wachsen in den Himmel
O boschi e selve ombrose ...
Can't see the forest for the trees

Der Waldbestand in Südtirol / Il patrimonio boschivo dell'Alto Adige / The forests of South Tyrol

61 %
Fichte
abete rosso
spruce

6 %
Zirbe
pino cembro
Swiss pine

19 %
Lärche
larice
larch

1 %
Schwarzkiefer
pino nero
Austrian pine

10 %
Weißkiefer
pino silvestre
Scots pine

3 %
Tanne
abete bianco
fir

1 %
Buche
faggio
beech

1 %
Laubhölzer
latifoglie
broad-leafed trees

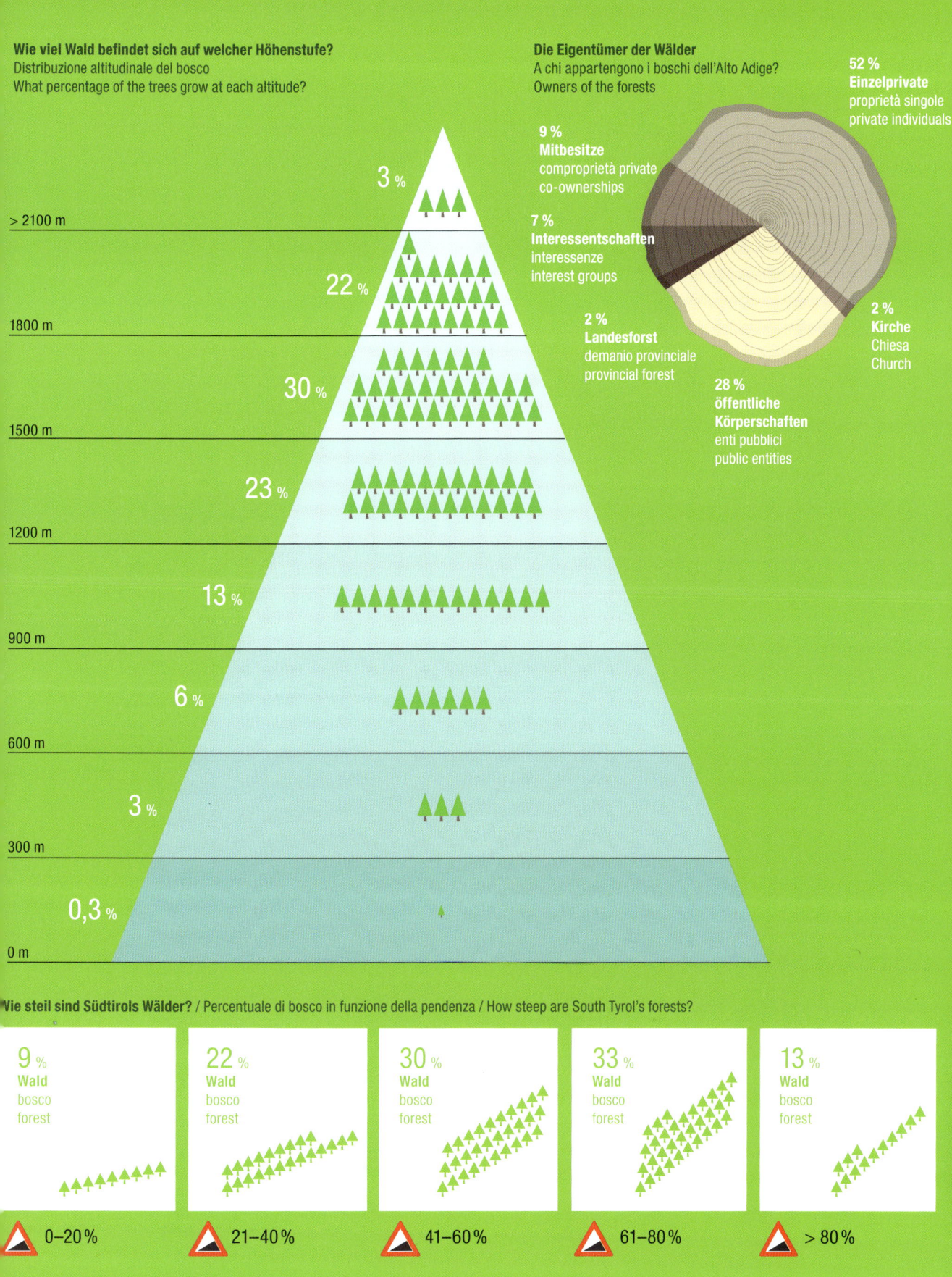

Wie viel Wald befindet sich auf welcher Höhenstufe?
Distribuzione altitudinale del bosco
What percentage of the trees grow at each altitude?

3 %
> 2100 m
22 %
1800 m
30 %
1500 m
23 %
1200 m
13 %
900 m
6 %
600 m
3 %
300 m
0,3 %
0 m

Die Eigentümer der Wälder
A chi appartengono i boschi dell'Alto Adige?
Owners of the forests

52 %
Einzelprivate
proprietà singole
private individuals

9 %
Mitbesitze
comproprietà private
co-ownerships

7 %
Interessentschaften
interessenze
interest groups

2 %
Landesforst
demanio provinciale
provincial forest

28 %
öffentliche
Körperschaften
enti pubblici
public entities

2 %
Kirche
Chiesa
Church

Wie steil sind Südtirols Wälder? / Percentuale di bosco in funzione della pendenza / How steep are South Tyrol's forests?

9 %
Wald
bosco
forest

22 %
Wald
bosco
forest

30 %
Wald
bosco
forest

33 %
Wald
bosco
forest

13 %
Wald
bosco
forest

0–20 %   21–40 %   41–60 %   61–80 %   > 80 %

Ein Sprung ins kalte Wasser
Chiare, fresche e dolci acque
Diving into the cold water

Form und Größe der zwölf größten Seen / Forma e superficie dei dodici principali laghi dell'Alto Adige / Form and surface area of the twelve major lakes in South Tyrol

12 ha
Durnholzersee
Lago di Valdurna

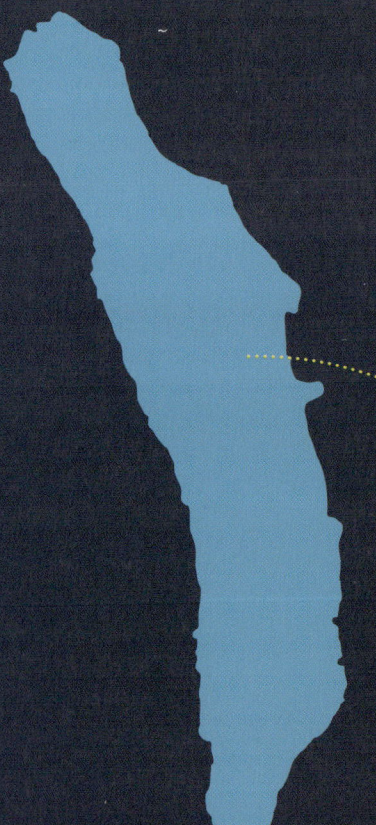

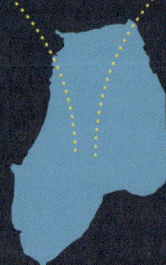

660 ha
Reschensee
Lago artificiale di Resia

156 ha

Die Uferlänge der Hotelpools von Schenna beträgt rund 5 km. Das entspricht der Fläche eines 156 ha großen Sees.
Le sponde delle piscine degli alberghi di Scena, località del Meranese, assommano a 5 km di lunghezza: il perimetro di un lago con una superficie di circa 156 ha.
The waterside length of all hotel swimming pools in Scena near Merano is 5 km. This makes for a lake of about 156 ha.

155 ha
Kalterersee
Lago di Caldaro

18 ha
Dürrensee
Lago di Landro

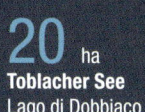

20 ha
Toblacher See
Lago di Dobbiaco

23 ha
Stausee von Franzensfeste
Lago artificiale di Fortezza

37 ha
Pragser Wildsee
Lago di Braies

44 ha
Antholzersee
Lago di Anterselva

100 ha
Vernagtsee
Lago di Vernago

93 ha
Haidersee
Lago della Muta

70 ha
Zufrittstausee
Lago artificiale di Gioveretto

48 ha
Nevesstausee
Lago artificiale di Neves

Wo die Gemeinden an ihre Grenzen stoßen
Ogni comune ha i suoi limiti
Where the municipalities reach their limits

Die Ausdehnung der Gemeinden in der Höhe und wo deren Bürgermeister sitzt / Estensione altimetrica dei comuni e ubicazione dei municipi / The altitudes of the municipalities and where their mayors work

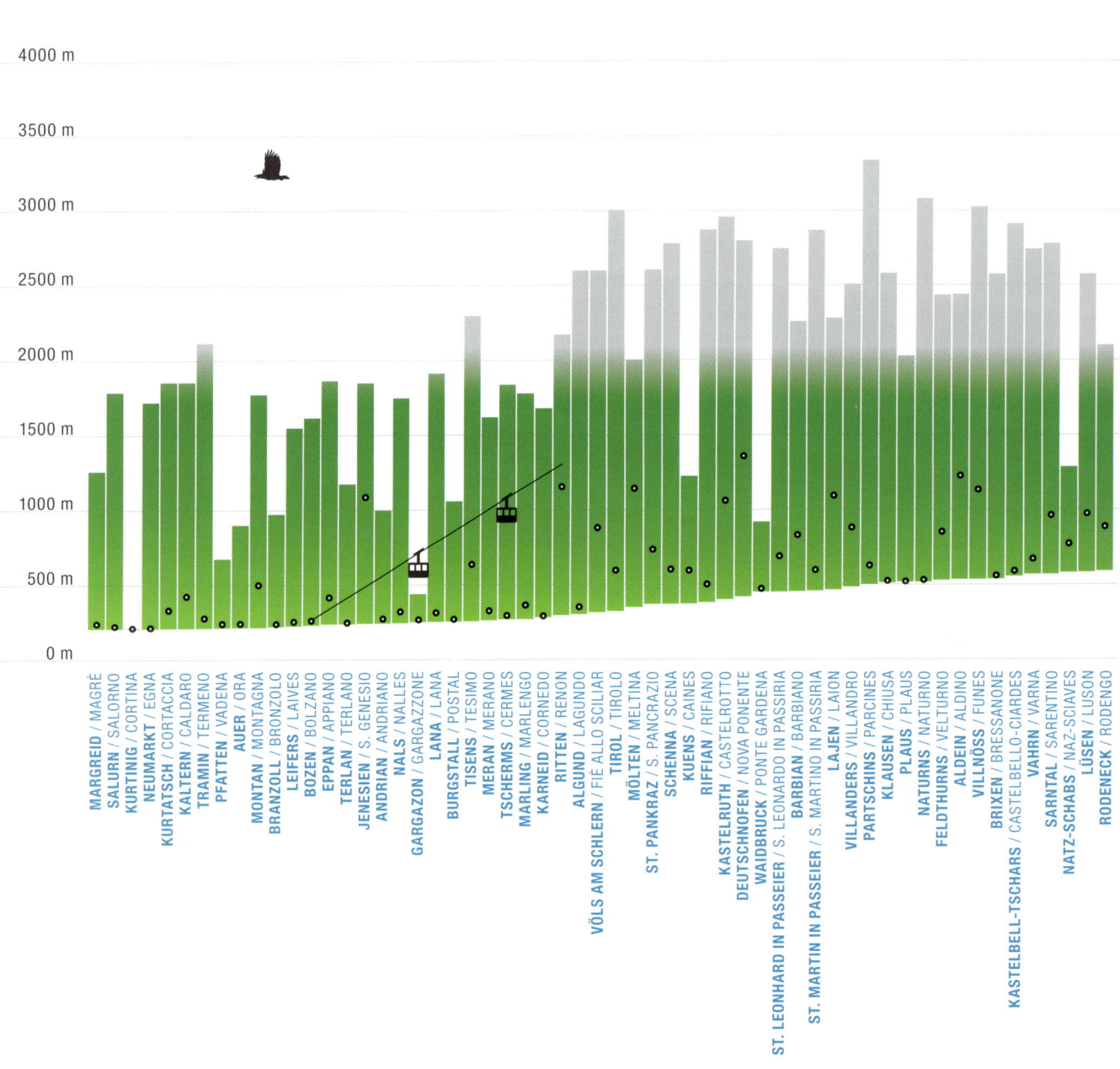

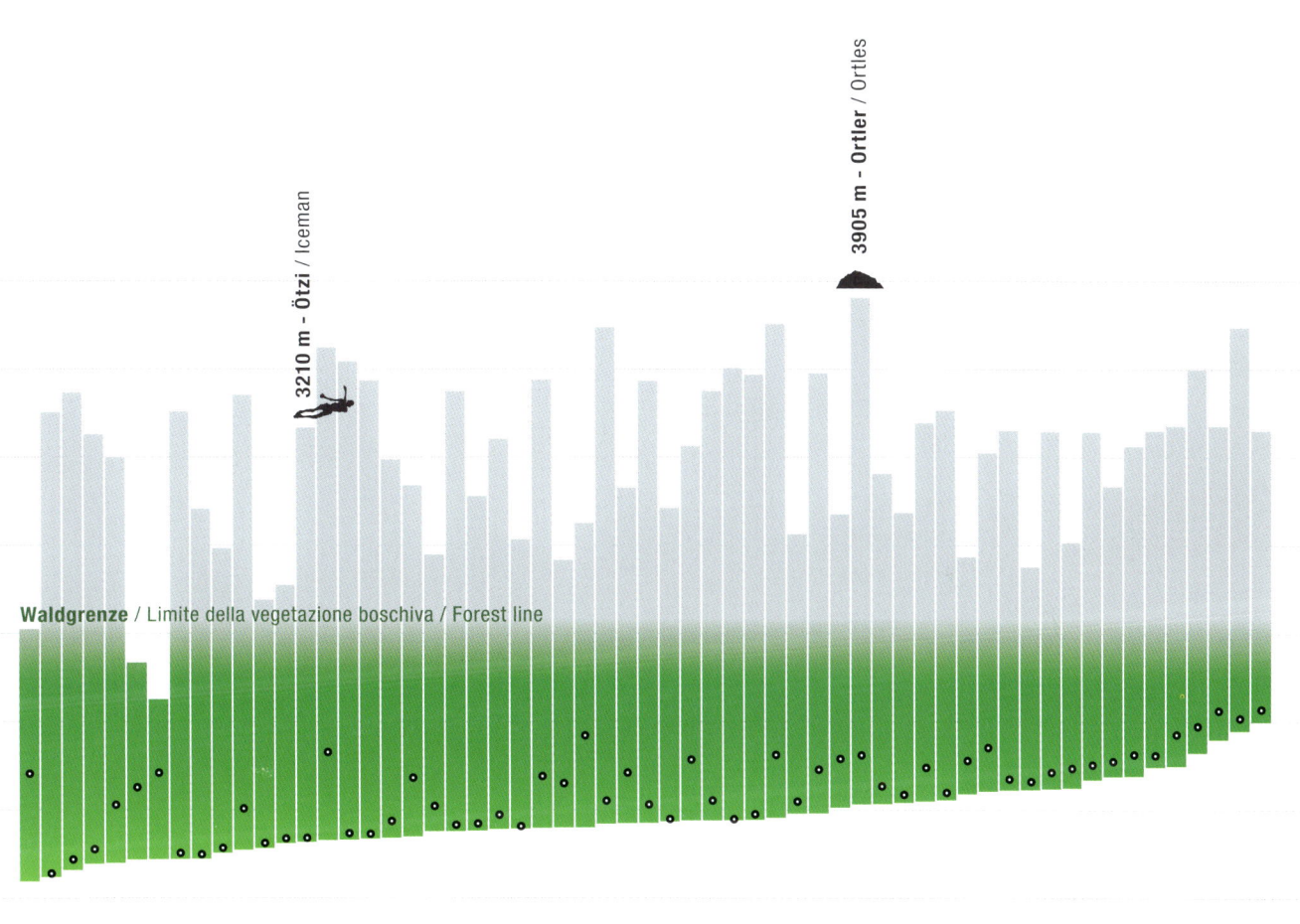

3210 m - Ötzi / Iceman

3905 m - Ortler / Ortles

Waldgrenze / Limite della vegetazione boschiva / Forest line

● **Sitz der Gemeinde** / Ubicazione del municipio / Municipal seat

VÖRAN / VERANO
LATSCH / LACES
SCHLANDERS / SILANDRO
MÜHLBACH / RIO DI PUSTERIA
TIERS / TIRES
TRUDEN / TRODENA
ALTREI / ANTERIVO
VINTL / VANDOIES
FRANZENSFESTE / FORTEZZA
KIENS / CHIENES
MOOS IN PASSEIER / MOSO IN PASSIRIA
ST. LORENZEN / S. LORENZO DI SEBATO
BRUNECK / BRUNICO
GAIS / GAIS
SCHNALS / SENALES
LAAS / LASA
SAND IN TAUFERS / CAMPO TURES
FREIENFELD / CAMPO DI TRENS
WELSCHNOFEN / NOVA LEVANTE
PFALZEN / FALZES
SCHLUDERNS / SLUDERNO
PERCHA / PERCA
GLURNS / GLORENZA
ULTEN / ULTIMO
LAUREIN / LAUREGNO
PROVEIS / PROVES
MALS / MALLES
TERENTEN / TERENTO
RASEN-ANTHOLZ / RASUN-ANTERSELVA
STERZING / VIPITENO
MAREO / ENNEBERG / MAREBBE
AHRNTAL / VALLE AURINA
PFITSCH / VAL DI VIZZE
RATSCHINGS / RACINES
MARTELL / MARTELLO
OLANG / VALDAORA
MÜHLWALD / SELVA DEI MOLINI
HAFLING / AVELENGO
STILFS / STELVIO
WELSBERG-TAISTEN / MONGUELFO-TESIDO
PRAD AM STILFSER JOCH / PRATO ALLO STELVIO
SAN MARTIN DE TOR / ST. MARTIN IN THURN / S. MARTINO IN BADIA
TAUFERS IM MÜNSTERTAL / TUBRE
BRENNER / BRENNERO
UNSERE LIEBE FRAU I. W.-ST. FELIX / SENALE-S. FELICE
LA VAL / WENGEN / LA VALLE
INNICHEN / S. CANDIDO
NIEDERDORF / VILLABASSA
PRAGS / BRAIES
URTIJËI / ST. ULRICH / ORTISEI
TOBLACH / DOBBIACO
GSIES / VALLE DI CASIES
ABTEI / BADIA
SEXTEN / SESTO
SANTA CRESTINA / ST. CHRISTINA / S. CRISTINA
PRETTAU / PREDOI
SËLVA / WOLKENSTEIN / SELVA DI VAL GARDENA
GRAUN IM VINSCHGAU / CURON VENOSTA
CORVARA / CORVARA IN BADIA

Lebensraum Südtirol
Ecosistema Alto Adige
The South Tyrolean habitat

Wie die Südtiroler ihr Land nutzen / Come gli altoatesini sfruttano
la propria terra / How South Tyroleans use their land

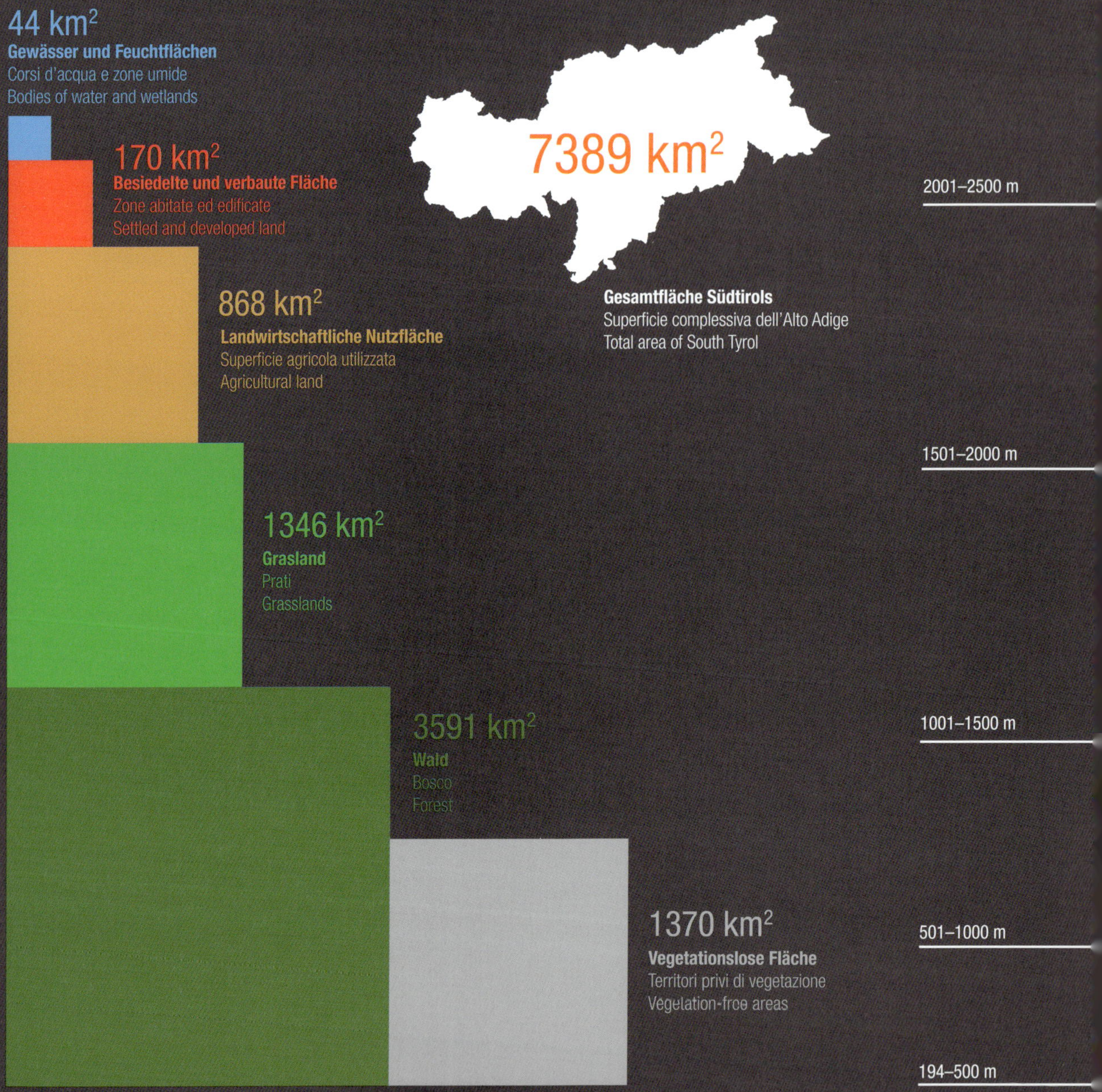

Höhenstufe
Quota altimetrica
Altitude

3501–3893 m

3001–3500 m

2501–3000 m

2001–2500 m

1501–2000 m

1001–1500 m

501–1000 m

194–500 m

44 km²
Gewässer und Feuchtflächen
Corsi d'acqua e zone umide
Bodies of water and wetlands

170 km²
Besiedelte und verbaute Fläche
Zone abitate ed edificate
Settled and developed land

868 km²
Landwirtschaftliche Nutzfläche
Superficie agricola utilizzata
Agricultural land

1346 km²
Grasland
Prati
Grasslands

3591 km²
Wald
Bosco
Forest

1370 km²
Vegetationslose Fläche
Territori privi di vegetazione
Vegetation-free areas

7389 km²

Gesamtfläche Südtirols
Superficie complessiva dell'Alto Adige
Total area of South Tyrol

Vegetationslos / Privo di vegetazione / Vegetation-free
Gewässer / Corsi d'acqua / Bodies of water
Grasland / Prati / Grasslands
Landwirtschaft / Agricoltura / Agriculture
Besiedelt und verbaut / Abitato ed edificato / Settled and developed
Wald / Bosco / Forest

Melkrekord im Milchkraftwerk
Fiumi di latte
A new record at the milk plant

Wie viel Milch liefern wie viel Bauern in Südtirols Sennereien ab? / Quanto latte conferiscono i contadini ai caseifici dell'Alto Adige? / How many farmers supply how much milk to South Tyrol's dairies?

1993

2011

7000
Milchbauern
produttori di latte
dairy farmers

275 kg
angelieferte Milchmenge pro Tag
latte conferito al giorno
amount of milk delivered per day

5265
Milchbauern
produttori di latte
dairy farmers

365 kg
angelieferte Milchmenge pro Tag
latte conferito al giorno
amount of milk delivered per day

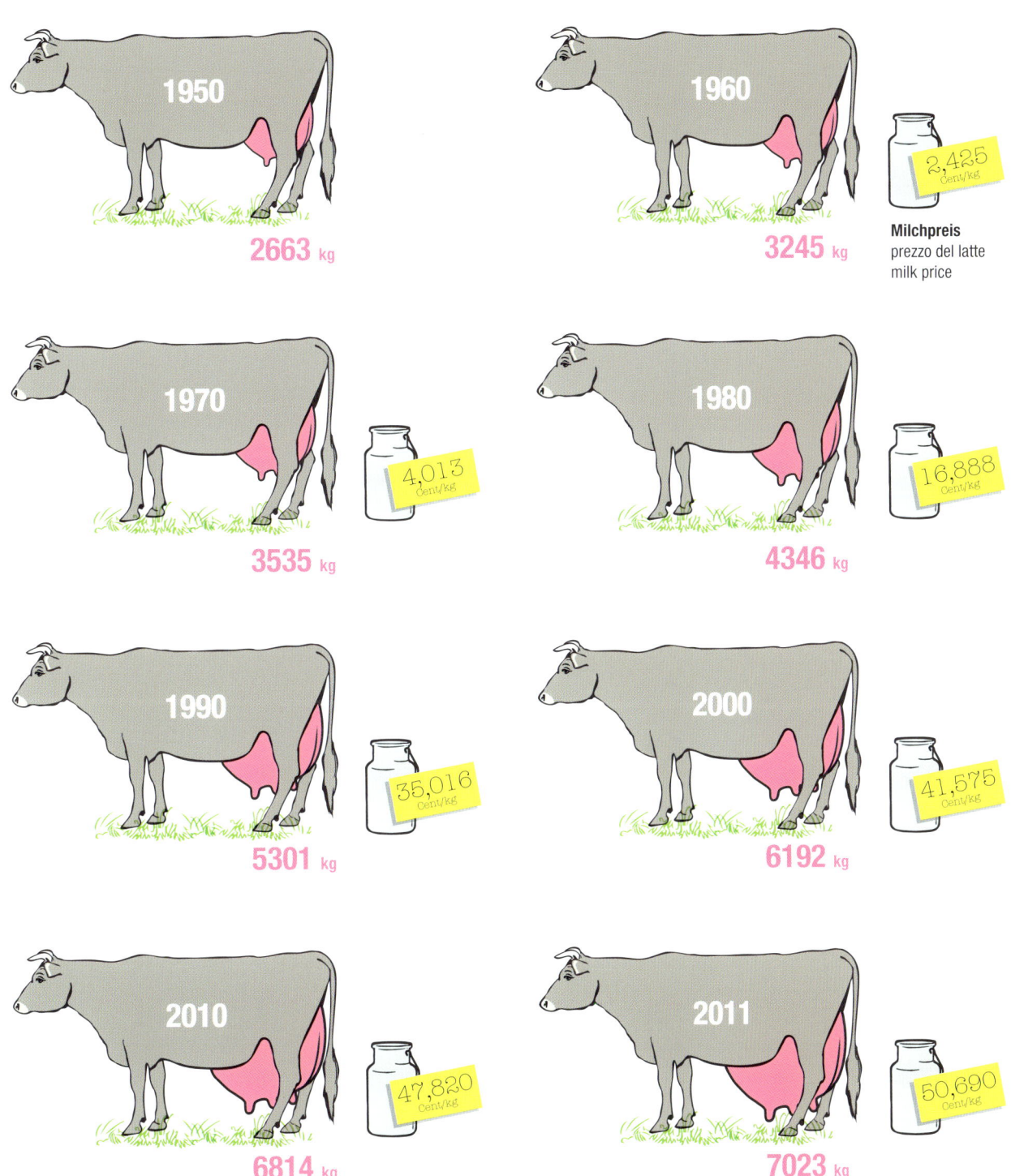

1950 — 2663 kg

1960 — 3245 kg — 2,425 Cent/kg

Milchpreis
prezzo del latte
milk price

1970 — 3535 kg — 4,013 Cent/kg

1980 — 4346 kg — 16,888 Cent/kg

1990 — 5301 kg — 35,016 Cent/kg

2000 — 6192 kg — 41,575 Cent/kg

2010 — 6814 kg — 47,820 Cent/kg

2011 — 7023 kg — 50,690 Cent/kg

Durchschnittliche Milchmenge pro Kuh und Laktation (Milchleistung einer Kuh in 305 Tagen)
Produzione media di latte per capo e lattazione (in 305 giorni)
Average amount of milk per cow and lactation period (milk supplied by one cow in 305 days)

Was alles aus dem Euter kommt
Munto e servito
Udderly productive

Milchverarbeitung in Südtirols Sennereien pro Tag
Trasformazione giornaliera di latte in Alto Adige
Milk processed in South Tyrol's dairies each day

24 h

59.821 kg
Frischmilch
Latte fresco
Fresh milk

davon bio
di cui biologico
organic
2790 kg

53.105 kg
UHT-Milch
Latte UHT
UHT milk

274.889 kg
Joghurt
Yogurt
Yogurt

davon bio
di cui biologico
organic
5283 kg

5265
Milchbauern
Produttori di latte
Dairy farmers

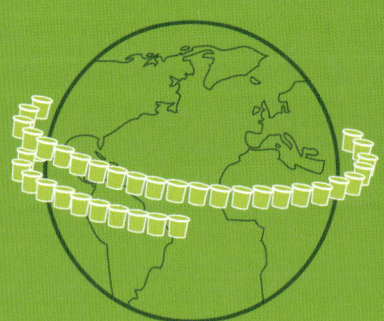

1,5 x

**Südtirols Jahresproduktion an
Joghurt ergäbe eine 52.800 km
lange Reihe von Jogurt-Bechern.**
Con lo yogurt prodotto annualmente
in Alto Adige si riempirebbe una fila
di coppette lunga 52.800 km.
South Tyrol's annual yogurt
production would yield a row of
yogurt cups 52,800 km long.

1.017.653 kg
MILCHANLIEFERUNG
LATTE CONFERITO
MILK DELIVERED

davon bio
di cui biologico
organic
17.080 kg BIO

6455 kg
Sahne
Panna
Cream

7707 kg
Butter
Burro
Butter

davon bio
di cui biologico
organic
191 kg

BIO

53.086 kg
Käse
Formaggio
Cheese

davon bio
di cui biologico
organic
781 kg

18.498 kg
Topfen, Ricotta, Mascarpone
Ricotta, mascarpone
Ricotta, mascarpone

25 %
Jeder vierte in Italien produzierte Joghurt stammt aus Südtirol.
Uno yogurt su quattro prodotto in Italia proviene dall'Alto Adige.
One in four yogurts produced in Italy comes from South Tyrol.

Der Stolz des Bauern
Tesori contadini
The farmer's pride

Was wird auf Südtirols landwirtschaftlichen Flächen angebaut? / Destinazione delle superfici agricole dell'Alto Adige / What is grown on South Tyrol's fields?

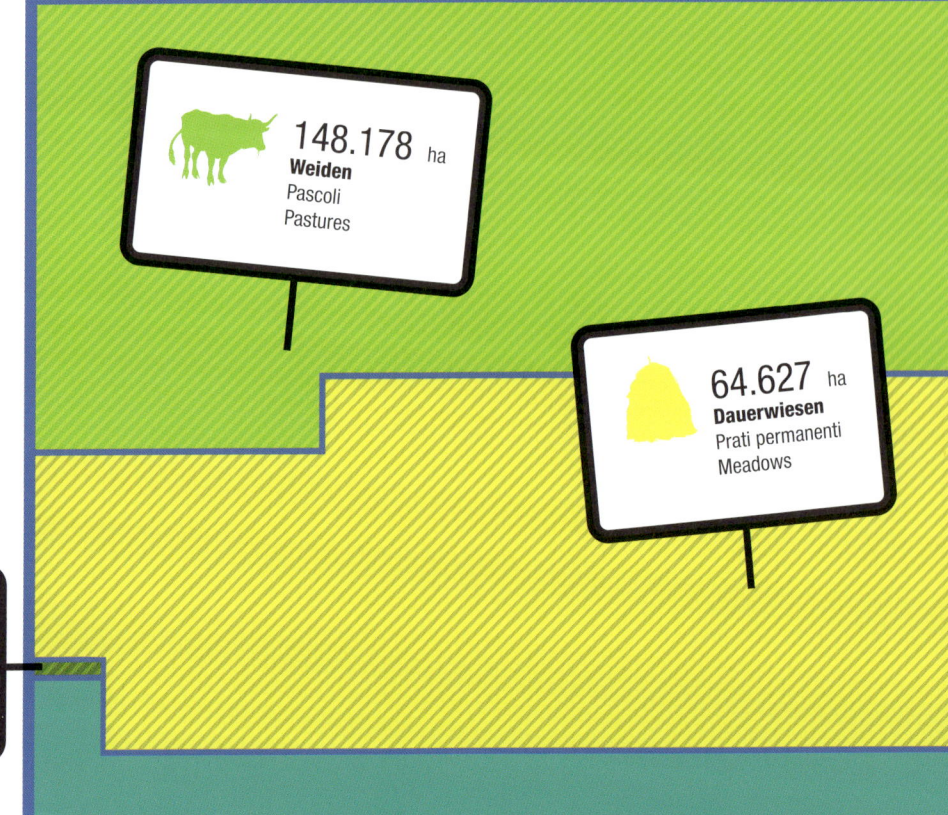

148.178 ha
Weiden
Pascoli
Pastures

64.627 ha
Dauerwiesen
Prati permanenti
Meadows

208 ha
Hausgärten
Orti familiari
Home gardens

201.058 ha
Wald
Boschi
Forest

★ 5319 **Reben** / Vite / Grapevines
10 **Oliven** / Olivo / Olives
18.538 **Äpfel** / Melo / Apples
57 **Birnen** / Pero / Pears
3 **Pfirsiche** / Pesco / Peaches
1 **Nektarinen** / Nettarina / Nectarines
65 **Marillen** / Albicocco / Apricots
163 **Anderes Frischobst** / Altra frutta fresca / Other fruits
13 **Kiwi** / Kiwi / Kiwis
123 **Kastanien** / Castagno / Chestnuts
8 **Anderes Schalenobst** / Altra frutta a guscio / Other nuts

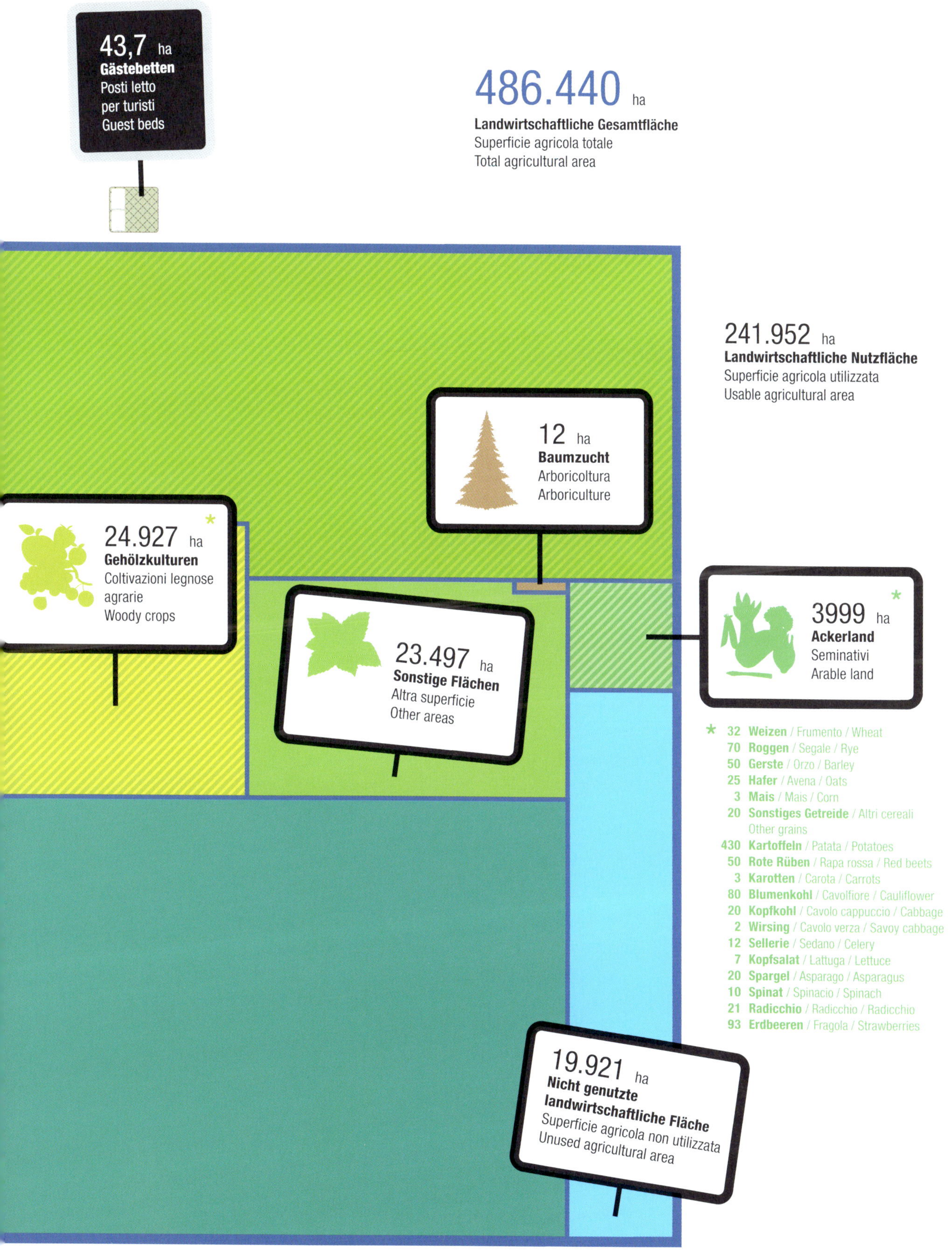

43,7 ha
Gästebetten
Posti letto
per turisti
Guest beds

486.440 ha
Landwirtschaftliche Gesamtfläche
Superficie agricola totale
Total agricultural area

241.952 ha
Landwirtschaftliche Nutzfläche
Superficie agricola utilizzata
Usable agricultural area

12 ha
Baumzucht
Arboricoltura
Arboriculture

24.927 ha *
Gehölzkulturen
Coltivazioni legnose
agrarie
Woody crops

23.497 ha
Sonstige Flächen
Altra superficie
Other areas

3999 ha *
Ackerland
Seminativi
Arable land

* **32 Weizen** / Frumento / Wheat
70 Roggen / Segale / Rye
50 Gerste / Orzo / Barley
25 Hafer / Avena / Oats
3 Mais / Mais / Corn
20 Sonstiges Getreide / Altri cereali
   Other grains
430 Kartoffeln / Patata / Potatoes
50 Rote Rüben / Rapa rossa / Red beets
3 Karotten / Carota / Carrots
80 Blumenkohl / Cavolfiore / Cauliflower
20 Kopfkohl / Cavolo cappuccio / Cabbage
2 Wirsing / Cavolo verza / Savoy cabbage
12 Sellerie / Sedano / Celery
7 Kopfsalat / Lattuga / Lettuce
20 Spargel / Asparago / Asparagus
10 Spinat / Spinacio / Spinach
21 Radicchio / Radicchio / Radicchio
93 Erdbeeren / Fragola / Strawberries

19.921 ha
**Nicht genutzte
landwirtschaftliche Fläche**
Superficie agricola non utilizzata
Unused agricultural area

Oh Jonathan, du mein Morgenduft
Cena di Gala? Ci vado con Jonathan!
An apple a day keeps the doctor away!

Apfelproduktion / Produzione di mele / Apple production

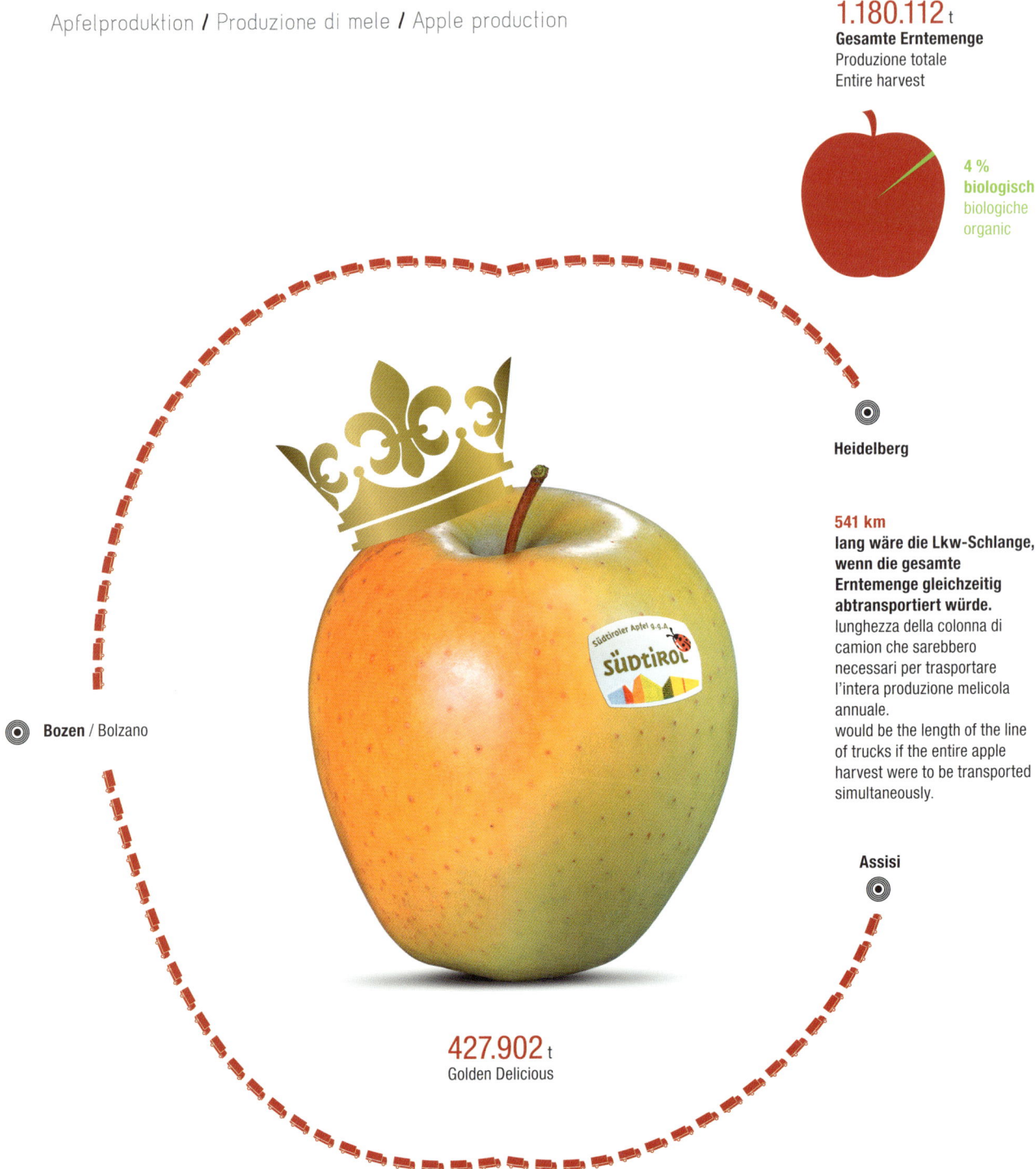

1.180.112 t
Gesamte Erntemenge
Produzione totale
Entire harvest

4 %
biologisch
biologiche
organic

Heidelberg

541 km
lang wäre die Lkw-Schlange, wenn die gesamte Erntemenge gleichzeitig abtransportiert würde.
lunghezza della colonna di camion che sarebbero necessari per trasportare l'intera produzione melicola annuale.
would be the length of the line of trucks if the entire apple harvest were to be transported simultaneously.

Bozen / Bolzano

Assisi

427.902 t
Golden Delicious

SÜDTIROL
Südtiroler Apfel g.g.A.

157.460 t
Gala

107.755 t
Red Delicious

82.175 t
Braeburn

64.364 t
Fuji

64.340 t
Granny Smith

12.900 t
Jonagold

12.001 t
Morgenduft

7867 t
Winesap

2106 t
Idared

602 t
Elstar

115 t
Gloster

51 t
Jonathan

70.474 t
Andere / Altre / Others

170.879 t
Faller / Cascoli / Fallers

Das Objekt der Begierde
L'oggetto del desiderio
The object of desire

Wer alles den Südtiroler Äpfeln und Trauben an den Kragen geht / Chi e che cosa può insidiare le mele e l'uva dell'Alto Adige / Who are the enemies of South Tyrol's apples and grapes?

Unbelebte Ursachen / Cause abiotiche / Inanimate causes

Hagel
Grandine
Hail

Krankheiten / Malattie / Diseases

Obstbaumkrebs
nectria
apple canker

Schorf
ticchiolatura
apple scab

Schädlinge / Parassiti / Pests

Blattläuse / afidi / aphids
Spinnmilben / acari / spider mites
Rostmilbe / eriofide / eriophyid mites

Apfelwickler / carpocapsa / codling moth

Weißer Hauch
patina bianca
white haze

Alternaria
alternaria
alternaria

Miniermotten / minatori / leaf miners

Tourist / turista / tourist

Mehltau
oidio
powdery mildew

Winter (Frostschäden)
Gelo invernale
Winter (frost damage)

Feldmaus / topi / hares

Schildläuse / cocciniglie / scales

Feuerbrand
colpo di fuoco
fire blight

Maikäfer / maggiolino / common chockchafer

Mäuse / arvicole / voles

Apfeltriebsucht
scopazzi del melo
apple proliferation

Spätfrost
Gelate primaverili
Late frost

Birnenverfall
moria del pero
pear decline

Unbelebte Ursachen / Cause abiotiche / Inanimate causes

Hagel
Grandine
Hail

Krankheiten / Malattie / Diseases

Mehltau
oidio
powdery mildew

Traubenwelke
Avvizzimento del grappolo
Berry shrivel

Peronospora
peronospora della vite
grape downy mildew

Schädlinge / Parassiti / Pests

Blattläuse / afidi / aphids

Milben / acari / spider mites

Zikaden / cicaline / leafhopper

Esca
esca
esca disease

Vögel / uccelli / birds

Spätfrost
Gelate primaverili
Late frost

Stiellähme
Disseccamento del rachide
Bunch stem necrosis

Graufäule
muffa grigia
grey mould

Touristi / turista / tourist

Kirschessigfliege / drosophila suzukii / spotted wing drosophila

Eulenraupen (Nagetiere) / nottuidi / noctuidae

Wespen / vespe / wasps

Vergilbungskrankheiten
giallumi della vite
grapevine yellow

Essigfäule
marciume acido
sour rot

Winter (Frostschäden)
Gelo invernale
Winter (frost damage)

Reiner Wein eingeschenkt
Un bicchiere... divino
In vino veritas

Produktion von Wein mit kontrollierter Ursprungsbezeichnung (D.O.C.) **/** Produzione di vini con denominazione d'origine controllata (D.O.C.) **/** Production of wine with D.O.C. label (controlled designation of origin)

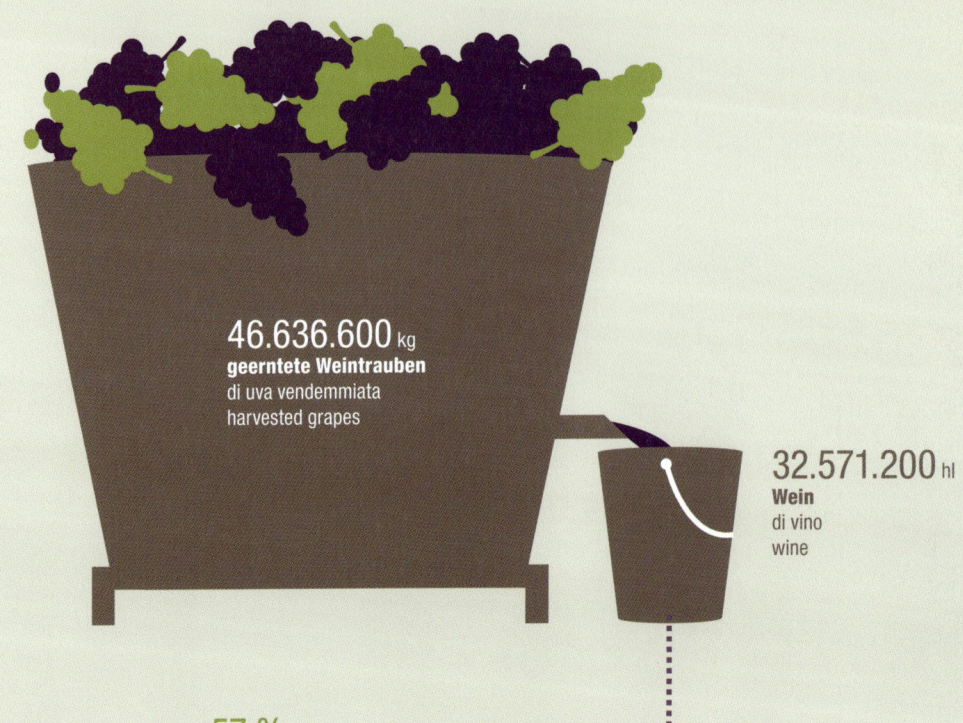

46.636.600 kg
geerntete Weintrauben
di uva vendemmiata
harvested grapes

32.571.200 hl
Wein
di vino
wine

43 % **Rotwein** / vini rossi / red wine　　57 % **Weißwein** / vini bianchi / white wine

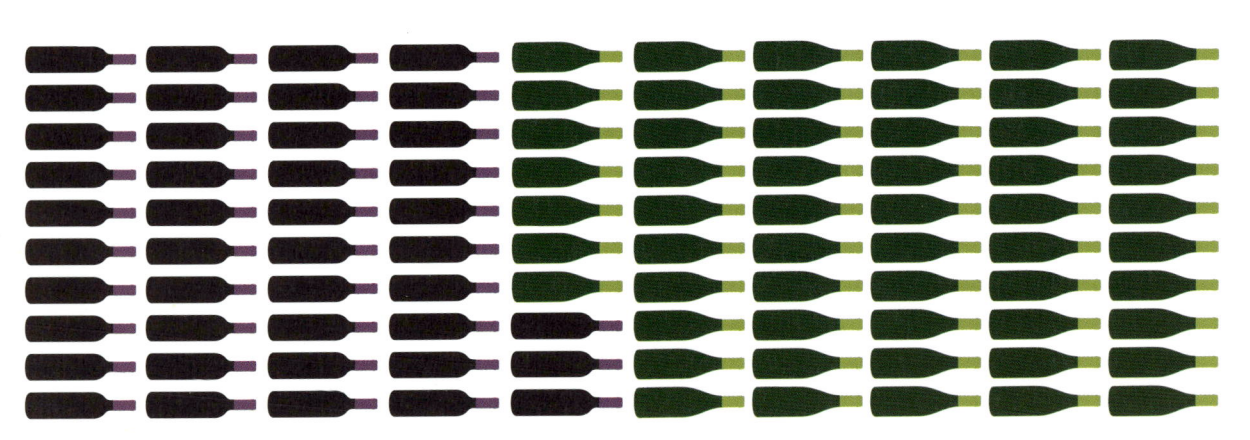

8,86 %
Lagrein

3,62 %
Merlot

2,38 %
Cabernet Franc
& Sauvignon

22,90 %
Vernatsch
Schiava

10,72 %
Chardonnay

13,14 %
Ruländer
Pinot grigio

5,05 %
Blauburgunder
Pinot nero

9,57 %
Gewürztraminer

4,25 %
Müller Thurgau

8,62 %
Weißburgunder
Pinot bianco

1,15 %
Kerner

1,09 %
Goldmuskateller
Moscato giallo

0,89 %
Riesling

WEINPRODUKTION NACH SORTEN
PRODUZIONE PER TIPO DI VITIGNO
WINE PRODUCTION BY TYPE

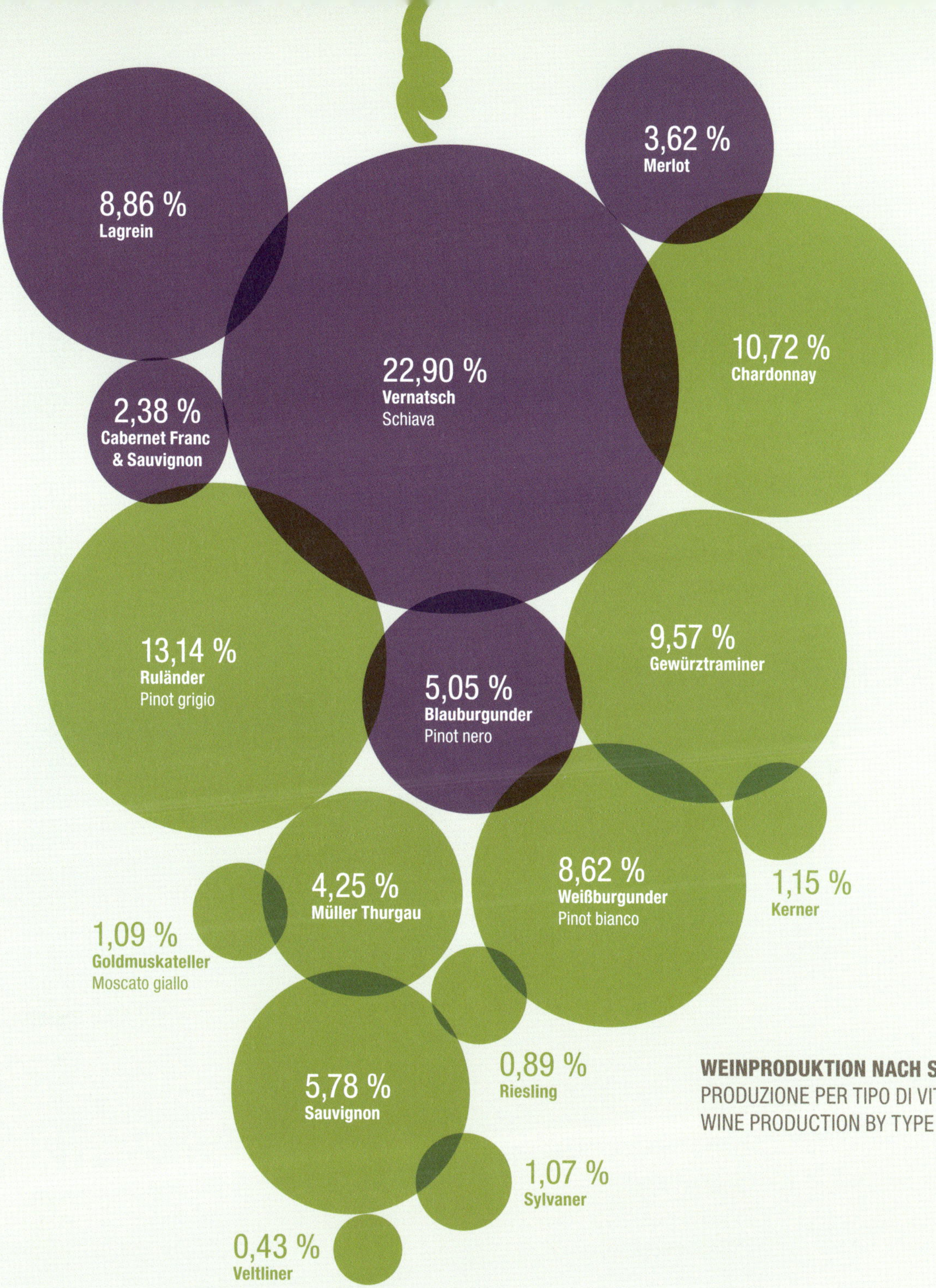

5,78 %
Sauvignon

1,07 %
Sylvaner

0,43 %
Veltliner

ca. **10.000**
Mitarbeiter in der Weinwirtschaft
(≈ 2 % der Südtiroler Bevölkerung)
occupati nell'industria vitivinicola
(≈ 2 % della popolazione altoatesina)
wine-industry employees
(≈ 2 % of South Tyrol's population)

5000
Einzelbetriebe
aziende individuali
individual operations

96 %
D.O.C.-Weine
vini D.O.C.
D.O.C. wines

4 %
Landwein
vini I.G.T.
local wine

Kompass für Genießer
Bussola per buongustai
Compass for gourmets

Südtiroler Weine und Gerichte kombiniert
von Margot und Herbert Hintner / Vini
e piatti tipici altoatesini abbinati
da Margot e Herbert Hintner /
Wines and cuisine from
South Tyrol matched up
by Margot and
Herbert Hintner

VERNATSCH SCHIAVA

Südtiroler Marende
Merenda sudtirolese
South Tyrolean bread and speck

Speck-, Kas-, Spinat- und Pressknödel
Canederli di speck, di formaggio, di spinaci e canederli arrostiti
Bacon, cheese, spinach and fried dumplings

Bauerngröstl
Rosticciata del contadino
Fried potatoes with meat

Gebackener Kalbskopf
Testina di vitello impanata
Roast calf's head

Leberknödel
Canederli di fegato
Liver dumplings

Polenta mit Pfifferlingen
Polenta con gallinacci
Polenta with chanterelles

CABERNET

Gebratener Fasan
Fagiano arrosto
Roast pheasant

Rindsroulade
Rotolo di manzo
Beef roulades

Rehpfeffer
Capriolo in salmi
Venison stew

Lammbratl
Agnello arrosto
Lamb roast

Vinschger Alpkäse
Formaggio venostano
Vinschgau Alpine cheese

MERLOT

Gamsbraten
Arrosto di camoscio
Roast chamois

Rindsgulasch
Spezzatino di manzo
Beef goulash

Gebratener Schweinsschopf
Coppa di maiale arrosto
Roast pork neck

BLAUBURGUNDER PINOT NERO PINOT NOIR

Gebackenes Kitz mit weißen Spargeln
Arrosto di capretto con asparagi bianchi
Roast kid with white asparagus

Kalbs- oder Schweinshaxe
Stinco di maiale o di vitello
Veal shanks or pork hocks

Schöpsernes
Arrosto di castrato
Roast mutton

Kalbsbraten
Arrosto di vitello
Veal roast

Mohnstrudel
Strudel di papavero
Poppy seed strudel

Kastanienreis
Monte bianco
Chestnut rice

ROSENMUSKATELLER MOSCATO ROSA

Schoko-Walnuss-Schmarrn
Frittata con cioccolato e noci
Chocolate-walnut pancake bits

Buchweizenkuchen
Torta di grano saraceno
Buckwheat cake

Apfelkücheln
Tortino di mele
Deep-fried apple cakes

Süße Krapfen
Krapfen dolci
Sweet donuts

Buchteln
Dolcetti di pasta lievitata
Filled sweet rolls

Kaiserschmarrn
Frittata dolce spezzettata
Pancake bits with raisins

LAGREIN

Hasenbraten
Coniglio arrosto
Roast hare

Lagreinkäse
Formaggio al Lagrein
Lagrein cheese

Geschmorte Ochsenwange
Guancia di bue brasata
Braised ox cheeks

Hirschgulasch
Spezzatino di cervo
Venison goulash

Rotweine
Vini rossi
Red wines

Römische Griesnocken
Gnocchi alla romana
Semolina gnocchi

Apfelstrudel
Strudel di mele
Apple strudel

GOLDMUSKATELLER
MOSCATO GIALLO

Niggilan
Frittelle di pasta lievitata
Tyrolean donuts

Räucherforelle mit frischem Kren
Trota affumicata con rafano fresco
Smoked trout with fresh horseradish

Gebratener Zander
Luccioperca arrosto
Broiled pike perch

Spargeln mit Schinken und Bozner Sauce
Asparagi con prosciutto cotto e salsa bolzanina
Asparagus with ham and Bolzano sauce

RIESLING

Gebackenes Kalbsbries
Animelle di vitello arrosto
Roast sweetbreads

Marinierter Saibling
Salmerino marinato
Marinated char

WEISSBURGUNDER
PINOT BIANCO
PINOT BLANC

Knödelgerichte
Canederli
Tyrolean dumplings

Topfennocken mit Schüttelbrotcreme
Gnocchi di ricotta con crema di Schüttelbrot
cheese dumplings with flat-bread cream

Spinatomelett
Omelette agli spinaci
Spinach omelet

Pilznocken
Gnocchi ai funghi
Mushroom dumplings

Schwarzplentene Spatzln
Gnocchetti di grano saraceno
Buckwheat spaetzle

Tirtlan
Frittelle salate
Deep-fried dough pockets

Kasnocken
Gnocchi al formaggio
Cheese dumplings

KERNER

Spargel
Asparagi
Asparagus

Ochsenmaulsalat
Lingua di manzo in insalata
Ox-cheek salad

CHARDONNAY

Risotto
Risotto
Risotto

SYLVANER

Kartoffelnocken mit Pfifferlingen
Gnocchi di patate con gallinacci
Potato dumplings with chanterelles

Tartar vom Kalbfleisch
Tartare di vitello
Veal tartar

Butterkäse
Formaggio morbido
Butter cheese

Stockfischgröstl
Rosticciata di baccalà
Fried potatoes with dried cod

RULÄNDER
PINOT GRIGIO

Risotto mit Graukäse
Risotto al Graukäse
Risotto with Tyrolean grey cheese

Grillgemüse
Verdure alla griglia
Grilled vegetables

SAUVIGNON

Schlutzkrapfen
Mezzelune di spinaci
Spinach ravioli

Spargelgröstl mit Bärlauch
Rosticciata agli asparagi con aglio orsino
Fried potatoes with asparagus and wild garlic

Erdäpfelblattlen
Frittelle di patate
Potato pancakes

Scheiterhaufen
Sformato dolce di pane
Apple bread pudding

GEWÜRZ-
TRAMINER

MÜLLER THURGAU

Kloaznravioli mit Graukäse
Ravioli di farina di pere secche con Graukäse
Ravioli made with pear flour with Tyrolean grey cheese

Ziegenfrischkäse
Caprino fresco
Creamy goat cheese

VELTLINER

Mohnnudeln
pasta ai semi di papavero
poppy seed noodles

Kalbskopf
Testina di vitello
Calf's head

Forelle blau und Müllerin
Trota bollita o alla mugnaia
Poached trout and trout meunière

Saure Suppe
Zuppa di trippe
Tyrolean sour tripe soup

Kasspatzln
Gnocchetti di formaggio
Cheese spaetzle

Weißweine

Vini bianchi
White wines

Eine runde Sache
Gusto a tutto tondo
Dumpling ingredients

Wie Herbert Hintner Tiroler Speckknödel macht / La ricetta di Herbert Hintner per i canederli tirolesi allo speck / How Herbert Hintner makes Tyrolean bacon dumplings

3 4 trockene Semmeln
rosette secche
dried rolls

4 3 Eier
uova
eggs

5 150 g Speck
speck
Tyrolean farmer's bacon

6 50 g Petersilie
prezzemolo
parsley

① 50 g Milch
latte
milk

② 80 g Zwiebel
cipolla
onions

⑦ Salz
sale
salt

⑧ vermischen
mescolare
mix

⑨ Knödel formen
formare i canederli
shape the dumpling

⑩ 15 Minuten in Salzwasser kochen
cuocere per 15 minuti
in acqua salata
simmer in salted water
for 15 minutes

für 4 Personen
ingredienti per 4 persone
serves 4

Tradition unter Sternenhimmel
Le stelle dell'ospitalità
Tradition under the starry sky

Restaurants mit Michelin-Sternen und historische
Gastbetriebe / Ristoranti premiati
con stelle Michelin ed esercizi con il titolo
di albergo storico / Historic hotels and
restaurants and Michelin-starred restaurants

Gerhard Wieser
Trenkerstube (Hotel Castel)
Dorf Tirol/Tirolo

Alois Haller
Castel Fragsburg
Meran/Merano

Blaue Traube
Algund/Lagundo

Heinrich
Schneider
Auener Hof
Sarntal/Sare

Jörg Trafoier
Kuppelrain
Kastelbell/Castelbello

Andrea Fenoglio
Sissi
Meran/Merano

Wirtshaus Vö
Bozen/Bolzan

Zur Krone
Laas/Lasa

Anna Matscher
Zum Löwen
Tisens/Tesimo

Parkhotel L
Bozen/Bolza

Herbert Hintner
Zur Rose
Eppan/Appiano

Hotel Zirmer
Radein/Redag

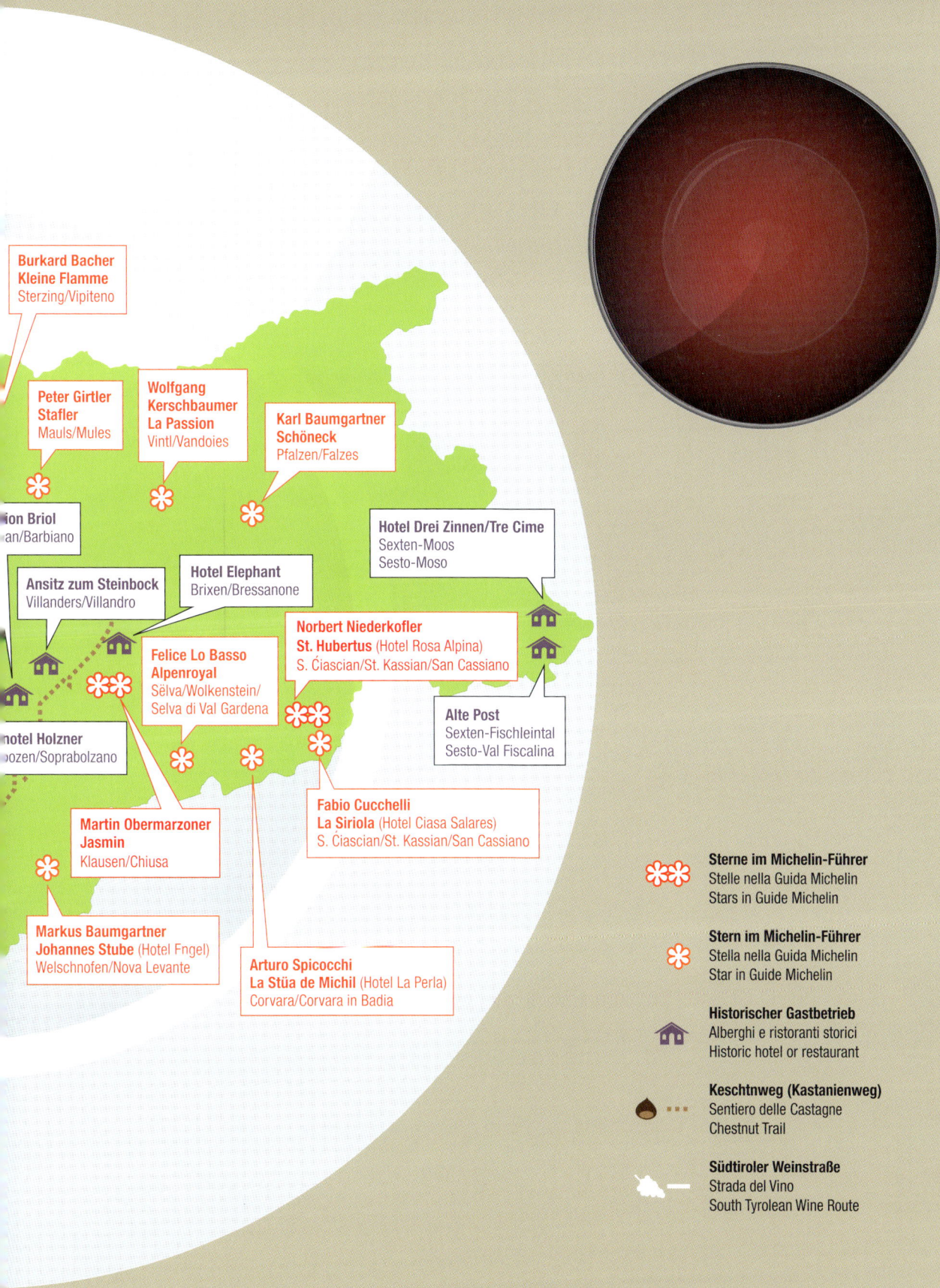

Burkard Bacher
Kleine Flamme
Sterzing/Vipiteno

Peter Girtler
Stafler
Mauls/Mules

Wolfgang
Kerschbaumer
La Passion
Vintl/Vandoies

Karl Baumgartner
Schöneck
Pfalzen/Falzes

Hotel Drei Zinnen/Tre Cime
Sexten-Moos
Sesto-Moso

ion Briol
an/Barbiano

Ansitz zum Steinbock
Villanders/Villandro

Hotel Elephant
Brixen/Bressanone

Norbert Niederkofler
St. Hubertus (Hotel Rosa Alpina)
S. Ćiascian/St. Kassian/San Cassiano

Felice Lo Basso
Alpenroyal
Sëlva/Wolkenstein/
Selva di Val Gardena

Alte Post
Sexten-Fischleintal
Sesto-Val Fiscalina

notel Holzner
ozen/Soprabolzano

Martin Obermarzoner
Jasmin
Klausen/Chiusa

Fabio Cucchelli
La Siriola (Hotel Ciasa Salares)
S. Ciascian/St. Kassian/San Cassiano

Markus Baumgartner
Johannes Stube (Hotel Fngel)
Welschnofen/Nova Levante

Arturo Spicocchi
La Stüa de Michil (Hotel La Perla)
Corvara/Corvara in Badia

Sterne im Michelin-Führer
Stelle nella Guida Michelin
Stars in Guide Michelin

Stern im Michelin-Führer
Stella nella Guida Michelin
Star in Guide Michelin

Historischer Gastbetrieb
Alberghi e ristoranti storici
Historic hotel or restaurant

Keschtnweg (Kastanienweg)
Sentiero delle Castagne
Chestnut Trail

Südtiroler Weinstraße
Strada del Vino
South Tyrolean Wine Route

Gastgeber und Betthupferl
Ospitanti e ospitati
Hospitality and bedtime sweets

Welches Angebot steht Gästen in Südtirol zur Verfügung und wo nächtigen sie am liebsten / Offerta ricettiva e sistemazioni preferite dai visitatori dell'Alto Adige / Which accommodations are available for visitors to South Tyrol, and where do they prefer to stay?

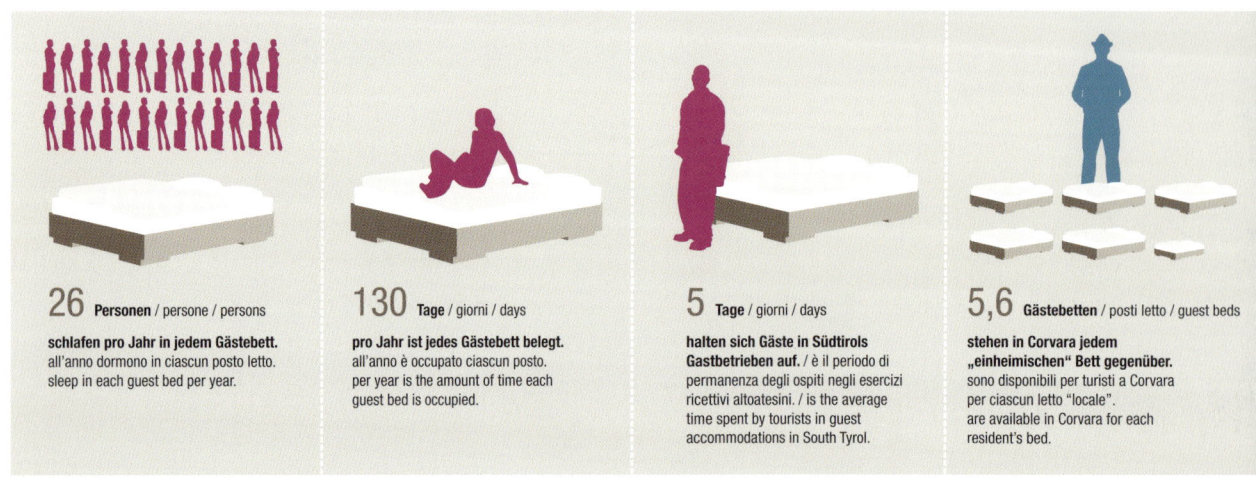

26 Personen / persone / persons

schlafen pro Jahr in jedem Gästebett.
all'anno dormono in ciascun posto letto.
sleep in each guest bed per year.

130 Tage / giorni / days

pro Jahr ist jedes Gästebett belegt.
all'anno è occupato ciascun posto.
per year is the amount of time each guest bed is occupied.

5 Tage / giorni / days

halten sich Gäste in Südtirols Gastbetrieben auf. / è il periodo di permanenza degli ospiti negli esercizi ricettivi altoatesini. / is the average time spent by tourists in guest accommodations in South Tyrol.

5,6 Gästebetten / posti letto / guest beds

stehen in Corvara jedem „einheimischen" Bett gegenüber.
sono disponibili per turisti a Corvara per ciascun letto "locale".
are available in Corvara for each resident's bed.

BETTENANGEBOT NACH ART DES GASTGEWERBLICHEN BETRIEBS / POSTI LETTO SECONDO LA TIPOLOGIA DEGLI ESERCIZI / BEDS AVAILABLE BY TYPE OF ACCOMMODATION

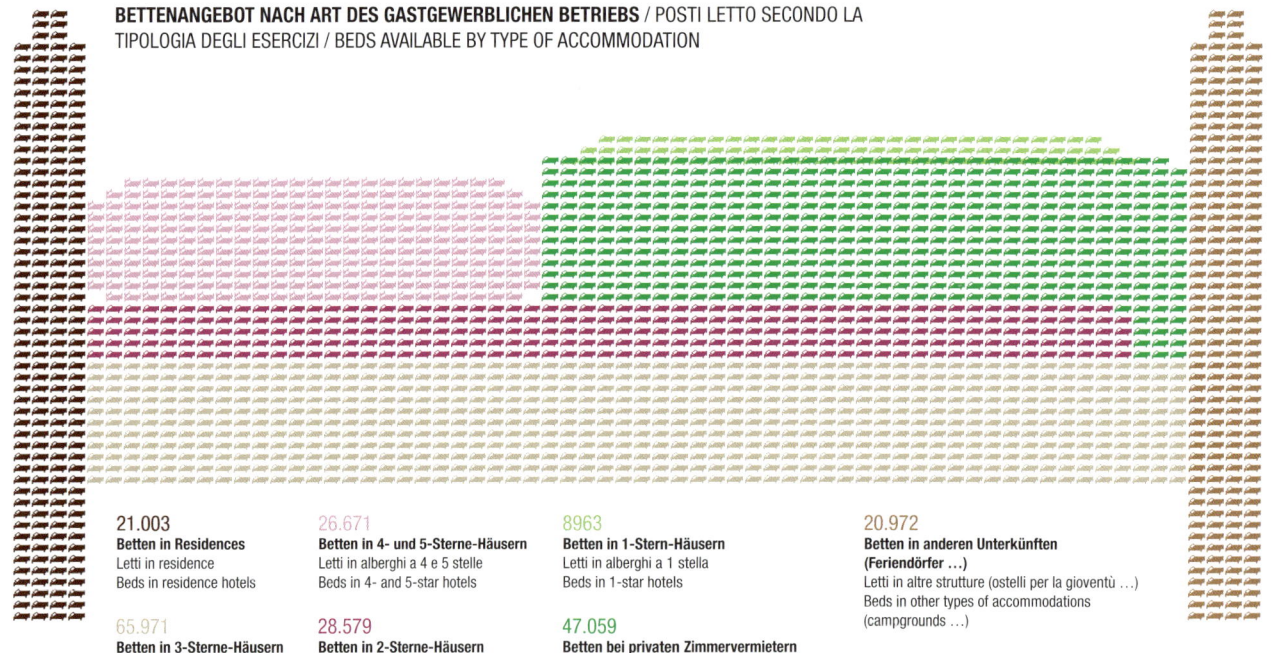

21.003
Betten in Residences
Letti in residence
Beds in residence hotels

26.671
Betten in 4- und 5-Sterne-Häusern
Letti in alberghi a 4 e 5 stelle
Beds in 4- and 5-star hotels

8963
Betten in 1-Stern-Häusern
Letti in alberghi a 1 stella
Beds in 1-star hotels

20.972
Betten in anderen Unterkünften (Feriendörfer …)
Letti in altre strutture (ostelli per la gioventù …)
Beds in other types of accommodations (campgrounds …)

65.971
Betten in 3-Sterne-Häusern
Letti in alberghi a 3 stelle
Beds in 3-star hotels

28.579
Betten in 2-Sterne-Häusern
Letti in alberghi a 2 stelle
Beds in 2-star hotels

47.059
Betten bei privaten Zimmervermietern und Urlaub auf dem Bauernhof
Letti di affittacamere e agriturismi
Beds in private guesthouses and holiday farms

DAS VERHÄLTNIS VON EINHEIMISCHEN UND GÄSTEN IN SÜDTIROLS GEMEINDEN.* / RAPPORTO TRA AUTOCTONI E OSPITI NEI COMUNI ALTOATESINI.* / THE RATIO OF RESIDENTS TO TOURISTS IN SOUTH TYROL'S MUNICIPALITIES.*

* Durchschnittswert, ohne Tagestouristen / Valore medio, senza turisti di giornata / Average value, without day tourists

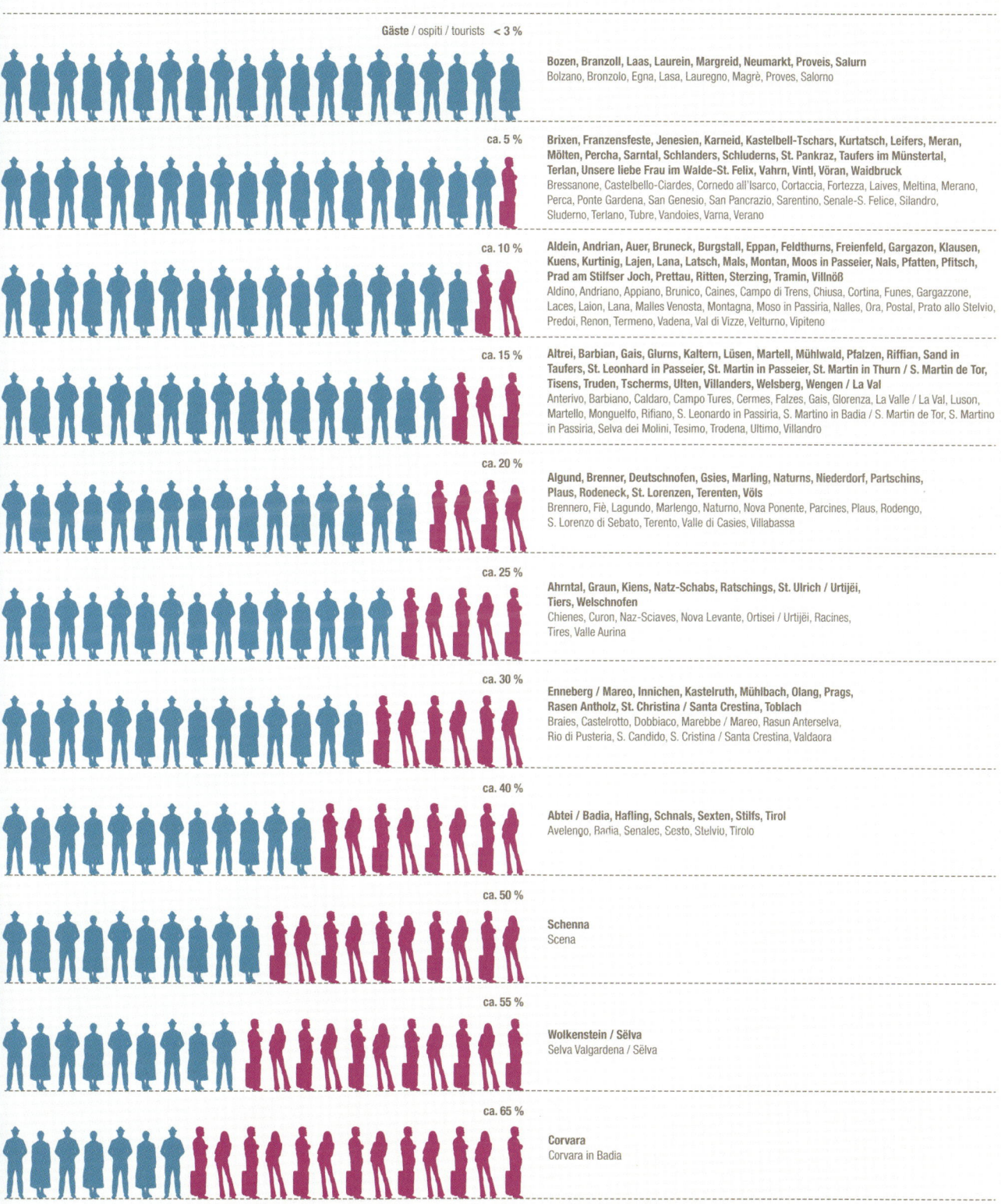

Gäste / ospiti / tourists < 3 %

Bozen, Branzoll, Laas, Laurein, Margreid, Neumarkt, Proveis, Salurn
Bolzano, Bronzolo, Egna, Lasa, Lauregno, Magrè, Proves, Salorno

ca. 5 %

Brixen, Franzensfeste, Jenesien, Karneid, Kastelbell-Tschars, Kurtatsch, Leifers, Meran, Mölten, Percha, Sarntal, Schlanders, Schluderns, St. Pankraz, Taufers im Münstertal, Terlan, Unsere liebe Frau im Walde-St. Felix, Vahrn, Vintl, Vöran, Waidbruck
Bressanone, Castelbello-Ciardes, Cornedo all'Isarco, Cortaccia, Fortezza, Laives, Meltina, Merano, Perca, Ponte Gardena, San Genesio, San Pancrazio, Sarentino, Senale-S. Felice, Silandro, Sluderno, Terlano, Tubre, Vandoies, Varna, Verano

ca. 10 %

Aldein, Andrian, Auer, Bruneck, Burgstall, Eppan, Feldthurns, Freienfeld, Gargazon, Klausen, Kuens, Kurtinig, Lajen, Lana, Latsch, Mals, Montan, Moos in Passeier, Nals, Pfatten, Pfitsch, Prad am Stilfser Joch, Prettau, Ritten, Sterzing, Tramin, Villnöß
Aldino, Andriano, Appiano, Brunico, Caines, Campo di Trens, Chiusa, Cortina, Funes, Gargazzone, Laces, Laion, Lana, Malles Venosta, Montagna, Moso in Passiria, Nalles, Ora, Postal, Prato allo Stelvio, Predoi, Renon, Termeno, Vadena, Val di Vizze, Velturno, Vipiteno

ca. 15 %

Altrei, Barbian, Gais, Glurns, Kaltern, Lüsen, Martell, Mühlwald, Pfalzen, Riffian, Sand in Taufers, St. Leonhard in Passeier, St. Martin in Passeier, St. Martin in Thurn / S. Martin de Tor, Tisens, Truden, Tscherms, Ulten, Villanders, Welsberg, Wengen / La Val
Anterivo, Barbiano, Caldaro, Campo Tures, Cermes, Falzes, Gais, Glorenza, La Valle / La Val, Luson, Martello, Monguelfo, Rifiano, S. Leonardo in Passiria, S. Martino in Badia / S. Martin de Tor, S. Martino in Passiria, Selva dei Molini, Tesimo, Trodena, Ultimo, Villandro

ca. 20 %

Algund, Brenner, Deutschnofen, Gsies, Marling, Naturns, Niederdorf, Partschins, Plaus, Rodeneck, St. Lorenzen, Terenten, Völs
Brennero, Fiè, Lagundo, Marlengo, Naturno, Nova Ponente, Parcines, Plaus, Rodengo, S. Lorenzo di Sebato, Terento, Valle di Casies, Villabassa

ca. 25 %

Ahrntal, Graun, Kiens, Natz-Schabs, Ratschings, St. Ulrich / Urtijëi, Tiers, Welschnofen
Chienes, Curon, Naz-Sciaves, Nova Levante, Ortisei / Urtijëi, Racines, Tires, Valle Aurina

ca. 30 %

Enneberg / Mareo, Innichen, Kastelruth, Mühlbach, Olang, Prags, Rasen Antholz, St. Christina / Santa Cristina, Toblach
Braies, Castelrotto, Dobbiaco, Marebbe / Mareo, Rasun Anterselva, Rio di Pusteria, S. Candido, S. Cristina / Santa Cristina, Valdaora

ca. 40 %

Abtei / Badia, Hafling, Schnals, Sexten, Stilfs, Tirol
Avelengo, Badia, Senales, Sesto, Stelvio, Tirolo

ca. 50 %

Schenna
Scena

ca. 55 %

Wolkenstein / Sëlva
Selva Valgardena / Sëlva

ca. 65 %

Corvara
Corvara in Badia

Das kostet Südtirol
Quanto costa l'Alto Adige
What South Tyrol costs

Was man durchschnittlich berappen muss. / Quanto si paga
mediamente per … / The average price of life in South Tyrol.

Südtiroler Gastfreundschaft
Ospitalità altoatesina
South Tyrolean hospitality

gratis
gratuita
free

Bozner Lido / Lido di Bolzano
(**Freibad** / piscina all'aperto / outdoor swimming pool),
Erwachsene / adulto / adult

8,50 €

5,50 €

Portion Schlutzkrapfen
Porzione di ravioli tirolesi
Portion of spinach ravioli

1,99 €

Golden Delicious, pro kg
Golden Delicious, al kg
Golden Delicious, per kg

1,50 €

Vinschger Paarl
Pagnotte di segale
Pair of Vinschgau rolls

3 €

Veneziano
Spritz
Veneziano

3 €

Stück Apfelstrudel
Fetta di strudel di mele
Piece of apple strudel

554,52 €

Pferd
Cavallo
Horse

12,90 €

Folio Reiseführer
Guida turistica di Folio
Folio travel guide

9 €

Ötzi sehen (Erwachsene)
Vedere Ötzi (adulto)
Seeing the Iceman (adult)

51 €

Dolomitenblick
Vista sulle Dolomiti
View of Dolomites

8 €

Pilzsammelgebühr, pro Tag
Tariffa per la raccolta funghi, al giorno
Fee for mushroom picking, per day

70,30 €

inklusive / compresa / included

Zimmer mit Frühstück und Bad
Camera con bagno e colazione
Room with breakfast and bathroom

Zimmer mit Halbpension und Ba
Camera con bagno e mezza pensi
Room with half board and bathroo

114,90 €

Schwein
Maiale
Pig

6.358.631,88 €

**Baukosten Seilbahn
(Texelbahn, Partschins)**
Costruzione di una funivia
(funivia Monte Tessa, Parcines)
Construction costs for cable car
(Texel cable car, Partschins)

für Heizzwecke, pro l
per riscaldamento, al l
Gasoil for heating, per l

1,486 €

0,757 €

Flüssiges Heizöl, pro kg
Olio combustibile, al kg
Liquid heating oil, per kg

1,10 € Espresso

Blauer Schurz
Grembiule blu
Blue apron

9,90 €

Cappuccino **1,50 €**

5,50 €

Pizza Margherita

48 €

1 €

Kugel Eis
Pallina di gelato
Scoop of ice cream

Tageszeitung
Quotidiano
Daily paper

1,20 €

Skipass Dolomiti Superski, 1 Tag, Hochsaison
Skipass Dolomiti Superski, giornaliero, alta stagione
Dolomiti Superski pass, 1 day, high season

1,26 €

706,38 €

Einheimische Milch, pro l
Latte nostrano, al l
Local milk, per l

288,33 €

Rind
Manzo
Cow

Kalb
Vitello
Calf

Diesel, pro l
Gasolio, al l
Diesel, per l

Tagesfahrt Bozen–München
Viaggio in giornata Bolzano-Monaco
Day trip Bolzano–Munich

Kinokarte (Erwachsene)
Biglietto del cinema (adulto)
Cinema admission (adult)

1,735 €

25 €

8 €

1,850 €

0,889 €

**Flüssigpropangas
für Fahrzeuge, pro l**
Gpl per autoveicoli, al l
Liquid propane gas
for vehicles, per l

Benzin, bleifrei, pro l
Benzina, senza piombo, al l
Gas, lead-free, per l

3,52–13,50 €

72,10–81 €

ab 29 €

Bahnfahrt Bozen–Brenner
Viaggio in treno Bolzano-Brennero
Train trip Bolzano–Brennero

Bahnfahrt Bozen–Rom
Viaggio in treno Bolzano-Roma
Train trip Bolzano–Rome

Bahnfahrt Bozen–München
Viaggio in treno Bolzano-Monaco
Train trip Bolzano–Munich

Geben und Nehmen
Dare e prendere
Give and take

Was und wie viel Südtirol ein- und ausführt / Cosa e quanto importa
ed esporta l'Alto Adige / What, and how much, South Tyrol imports and
exports

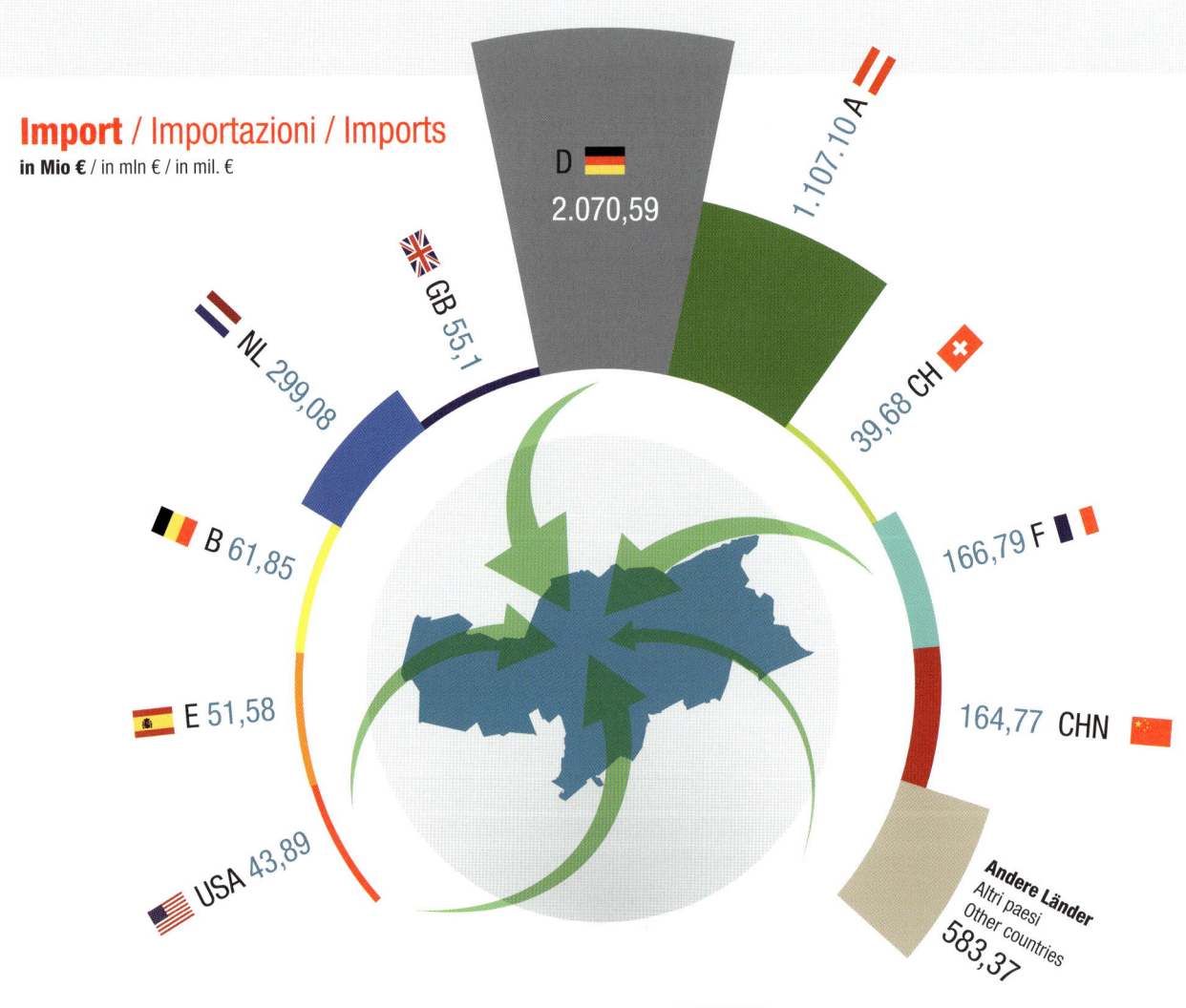

Import / Importazioni / Imports
in Mio € / in mln € / in mil. €

D 2.070,59

1.107,10 A

39,68 CH

166,79 F

164,77 CHN

Andere Länder
Altri paesi
Other countries
583,37

GB 55,1

NL 299,08

B 61,85

E 51,58

USA 43,89

4643,81
Insgesamt / Totale / Total

NACH PRODUKTGRUPPEN / PER GRUPPI DI PRODOTTI / BY PRODUCT GROUPS

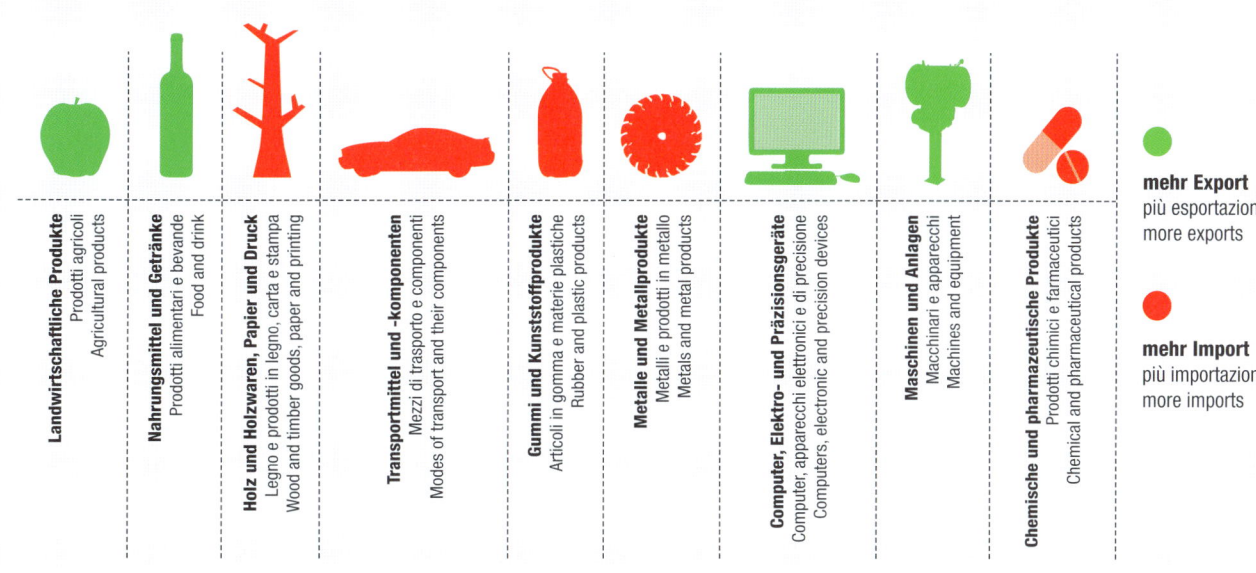

Landwirtschaftliche Produkte
Prodotti agricoli
Agricultural products

Nahrungsmittel und Getränke
Prodotti alimentari e bevande
Food and drink

Holz und Holzwaren, Papier und Druck
Legno e prodotti in legno, carta e stampa
Wood and timber goods, paper and printing

Transportmittel und -komponenten
Mezzi di trasporto e componenti
Modes of transport and their components

Gummi und Kunststoffprodukte
Articoli in gomma e materie plastiche
Rubber and plastic products

Metalle und Metallprodukte
Metalli e prodotti in metallo
Metals and metal products

Computer, Elektro- und Präzisionsgeräte
Computer, apparecchi elettronici e di precisione
Computers, electronic and precision devices

Maschinen und Anlagen
Macchinari e apparecchi
Machines and equipment

Chemische und pharmazeutische Produkte
Prodotti chimici e farmaceutici
Chemical and pharmaceutical products

● **mehr Export**
più esportazioni
more exports

● **mehr Import**
più importazioni
more imports

Export / Esportazioni / Exports
in Mio € / in mln € / in mil. €

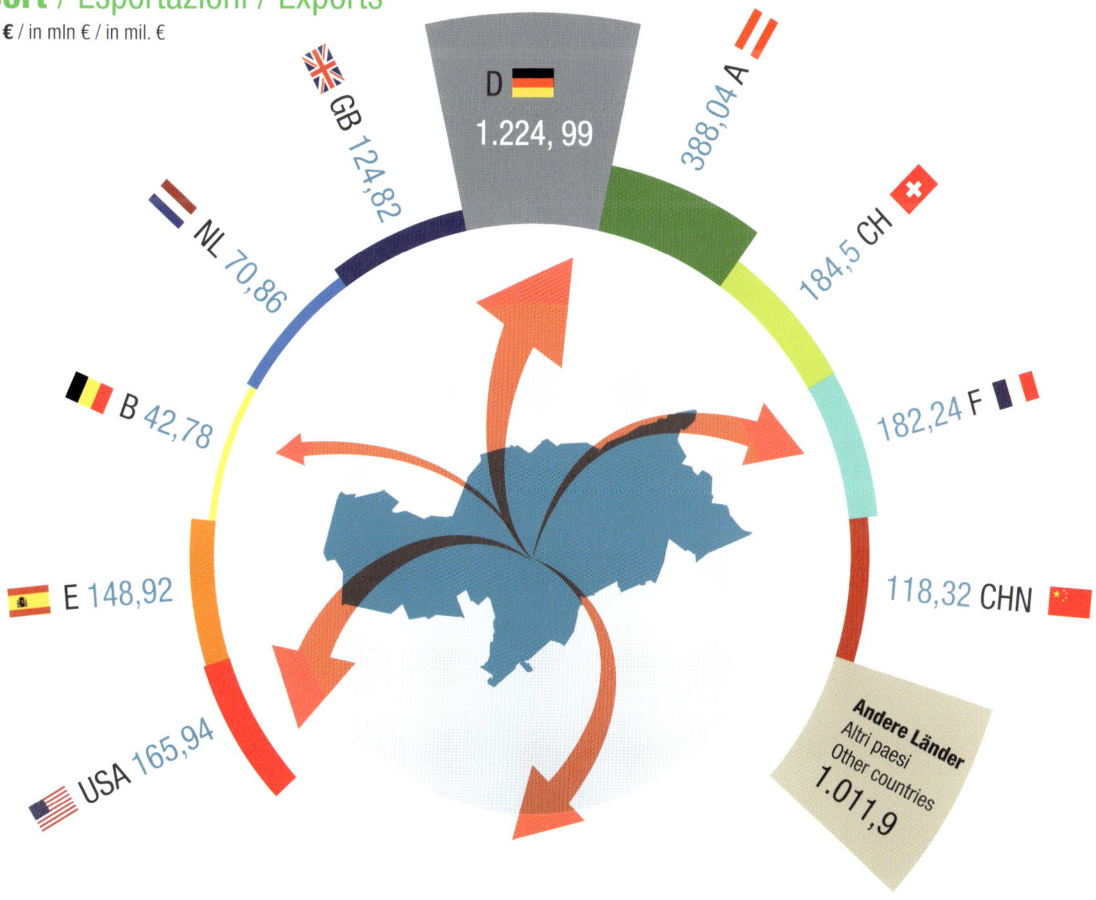

GB 124,82

D 🇩🇪 1.224, 99

388,04 A

184,5 CH

NL 70,86

182,24 F

B 42,78

118,32 CHN

E 148,92

Andere Länder
Altri paesi
Other countries
1.011,9

USA 165,94

3663,31
Insgesamt / Totale / Total

Ein Leben am Limit
Una vita al limite
Living on the edge

Das Leben des Reinhold Messner / La vita di Reinhold Messner / The life of Reinhold Messner

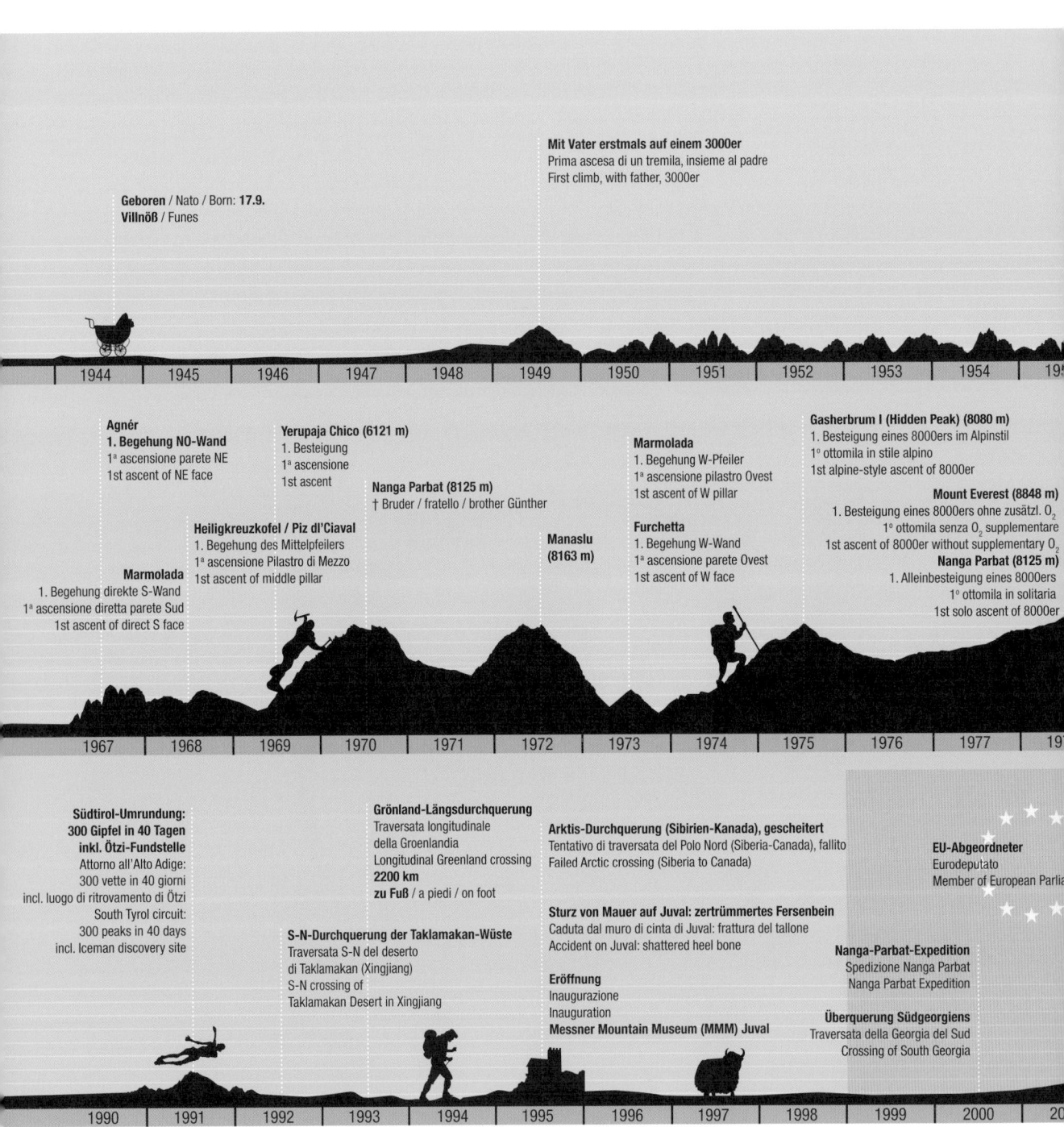

Mit Vater erstmals auf einem 3000er
Prima ascesa di un tremila, insieme al padre
First climb, with father, 3000er

Geboren / Nato / Born: 17.9.
Villnöß / Funes

1944 1945 1946 1947 1948 1949 1950 1951 1952 1953 1954 19

Agnér
1. Begehung NO-Wand
1ª ascensione parete NE
1st ascent of NE face

Yerupaja Chico (6121 m)
1. Besteigung
1ª ascensione
1st ascent

Nanga Parbat (8125 m)
† Bruder / fratello / brother Günther

Marmolada
1. Begehung W-Pfeiler
1ª ascensione pilastro Ovest
1st ascent of W pillar

Gasherbrum I (Hidden Peak) (8080 m)
1. Besteigung eines 8000ers im Alpinstil
1º ottomila in stile alpino
1st alpine-style ascent of 8000er

Heiligkreuzkofel / Piz dl'Ciaval
1. Begehung des Mittelpfeilers
1ª ascensione Pilastro di Mezzo
1st ascent of middle pillar

Manaslu
(8163 m)

Furchetta
1. Begehung W-Wand
1ª ascensione parete Ovest
1st ascent of W face

Mount Everest (8848 m)
1. Besteigung eines 8000ers ohne zusätzl. O$_2$
1º ottomila senza O$_2$ supplementare
1st ascent of 8000er without supplementary O$_2$

Marmolada
1. Begehung direkte S-Wand
1ª ascensione diretta parete Sud
1st ascent of direct S face

Nanga Parbat (8125 m)
1. Alleinbesteigung eines 8000ers
1º ottomila in solitaria
1st solo ascent of 8000er

1967 1968 1969 1970 1971 1972 1973 1974 1975 1976 1977 19

Südtirol-Umrundung:
300 Gipfel in 40 Tagen
inkl. Ötzi-Fundstelle
Attorno all'Alto Adige:
300 vette in 40 giorni
incl. luogo di ritrovamento di Ötzi
South Tyrol circuit:
300 peaks in 40 days
incl. Iceman discovery site

Grönland-Längsdurchquerung
Traversata longitudinale
della Groenlandia
Longitudinal Greenland crossing
2200 km
zu Fuß / a piedi / on foot

Arktis-Durchquerung (Sibirien-Kanada), gescheitert
Tentativo di traversata del Polo Nord (Siberia-Canada), fallito
Failed Arctic crossing (Siberia to Canada)

EU-Abgeordneter
Eurodeputato
Member of European Parlia

S-N-Durchquerung der Taklamakan-Wüste
Traversata S-N del deserto
di Taklamakan (Xingjiang)
S-N crossing of
Taklamakan Desert in Xingjiang

Sturz von Mauer auf Juval: zertrümmertes Fersenbein
Caduta dal muro di cinta di Juval: frattura del tallone
Accident on Juval: shattered heel bone

Eröffnung
Inaugurazione
Inauguration
Messner Mountain Museum (MMM) Juval

Nanga-Parbat-Expedition
Spedizione Nanga Parbat
Nanga Parbat Expedition

Überquerung Südgeorgiens
Traversata della Georgia del Sud
Crossing of South Georgia

1990 1991 1992 1993 1994 1995 1996 1997 1998 1999 2000 20

Civetta
1. Begehung direkte NW-Wand
1ª ascensione diretta parete NO
1st ascent of the direct NW face

Erste selbstständige Klettertouren
Prime scalate in solitaria
First independent climbs

Dolomiten / Dolomiti / Dolomites
Erste extreme Klettertouren
Prime scalate estreme
First extreme climbs

> 500 Klettertouren / arrampicate / climbing tours

Ortler / Ortles
1. Begehung N-Wand
1ª ascensione parete Nord
1st ascent of N face

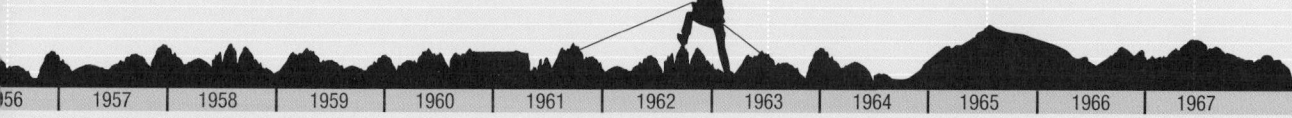

56   1957   1958   1959   1960   1961   1962   1963   1964   1965   1966   1967

Mount Everest (8848 m)
Alleinbesteigung ohne zusätzl. O_2
Ascensione in solitaria
senza O_2 supplementare
Solo ascent without
supplementary O_2

K2 (8611 m)

Kangchenjunga (8586 m)
Gasherbrum II (8034 m)
Broad Peak (8051 m)

Gasherbrum I (Hidden Peak) (8080 m),
Gasherbrum II (8034 m)
1. Doppelbesteigung von 8000ern
1ª traversata di due ottomila
1st double ascent of 2 8000ers

Makalu (8485 m)
Lhotse (8516 m)
1. Besteigung aller 14 8000er ohne zusätzl. O_2
1ª ascensione dei 14 ottomila
senza O_2 supplementare
1st ascent of all 14 8000ers
without supplementary O_2

Antarktis-Durchquerung
via Südpol
Traversata dell'Antartide
attraverso il Polo Sud
Antarctic crossing
via South Pole
2.800 km
zu Fuß / a piedi / on foot

Shishapangma
(8027 m)

Cho Oyu
(8188 m)

Annapurna
(8091 m)
Dhaulagiri
(8167 m)

Yeti-Tibet-Expedition
Spedizione in Tibet (sulle tracce dello Yeti)
Yeti-Tibet expedition

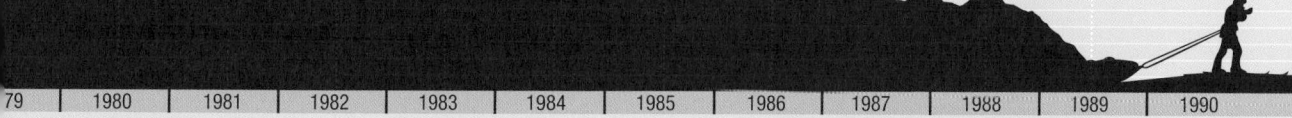

79   1980   1981   1982   1983   1984   1985   1986   1987   1988   1989   1990

Längsdurchquerung der Wüste Gobi
Traversata longitudinale del deserto di Gobi
Longitudinal crossing of Gobi Desert
ca. 2000 km zu Fuß / a piedi / on foot

Eröffnung
Inaugurazione
Inauguration
MMM Ripa, Bruneck / Brunico

Eröffnung
Inaugurazione
Inauguration
MMM Dolomites, Monte Rite

Eröffnung / Inaugurazione / Inauguration
MMM Ortles, Sulden / Solda

Machapucharé
Neue Trekkingroute
Nuova via di trekking
New trekking route

Eröffnung / Inaugurazione / Inauguration
MMM Firmian,
Schloss Sigmundskron
Castel Firmiano
Sigmundskron Castle

Hielo Patagonia Norte
Durchquerung
Traversata
Crossing

02   2003   2004   2005   2006   2007   2008   2009   2010   2011   2012

Gesunder Körper – gesunder Geist?

Mens sana in corpore sano
Healthy body – healthy mind?

Wo und was die Südtiroler/-innen sporteln / Sport praticati in Alto Adige e luoghi di attività / Which sports are pursued in South Tyrol and where

 **781** **Sportorganisationen**
organizzazioni sportive
sports organizations

 **137.752** **Eingeschriebene**
iscritti
members

 **126** **angebotene Disziplinen**
discipline sportive offerte
disciplines offered

9

Golfplätze / Campi da golf / Golf courses

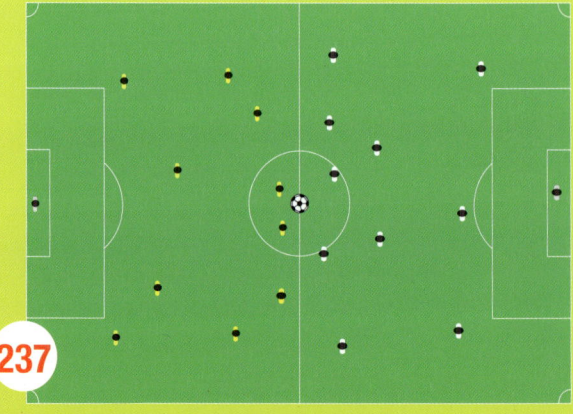

237

Fußballplätze / Campi da calcio / Football pitches

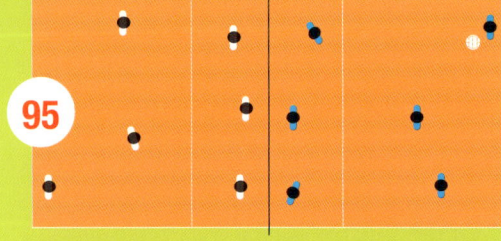

95

Volleyballplätze / Campi da pallavolo / Volleyball courts

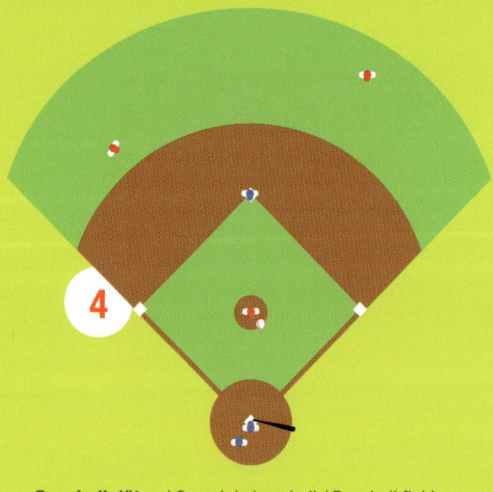

4

Baseballplätze / Campi da baseball / Baseball fields

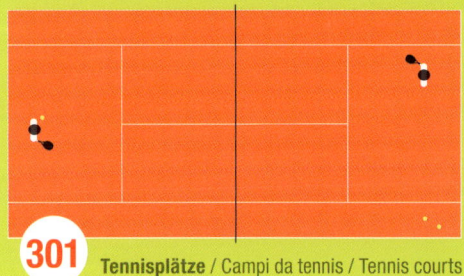

301

Tennisplätze / Campi da tennis / Tennis courts

WER SPORT TREIBT / CHI FA SPORT / WHO DOES SPORTS

- **mehr Männer als Frauen**
  più uomini che donne
  more men than women

- **am meisten Kinder (3–14 Jahre)**
  in prevalenza bambini dai 3 ai 14 anni
  mostly children (3–14 years old)

- **Sportler-Anteil steigt
  mit Schulbildung**
  più alto è il titolo di studio,
  più numerosi i praticanti
  ratio of sports enthusiasts
  increases with education

- **kein Unterschied zwischen
  Stadt und Land**
  nessuna differenza tra centri
  urbani e paesi
  no difference between city
  and countryside

- **mehr Deutsche als Italiener**
  più tedeschi che italiani
  more Germans than Italians

SÜDTIROLERINNEN BEVORZUGEN:
SPORT PREFERITI DALLE ALTOATESINE:
WOMEN IN SOUTH TYROL PREFER:

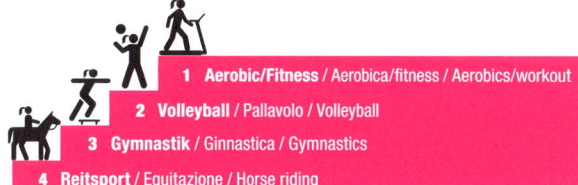

1 **Aerobic/Fitness** / Aerobica/fitness / Aerobics/workout
2 **Volleyball** / Pallavolo / Volleyball
3 **Gymnastik** / Ginnastica / Gymnastics
4 **Reitsport** / Equitazione / Horse riding

SÜDTIROLER BEVORZUGEN:
SPORT PREFERITI DAGLI ALTOATESINI:
MEN IN SOUTH TYROL PREFER:

1 **Fußball** / Calcio / Football
2 **Schießsport** / Tiro a segno / Shooting
3 **Straßenradsport** / Bici su strada / Street cycling
4 **Kleinfeldfußball** / Calcetto / Small-field football

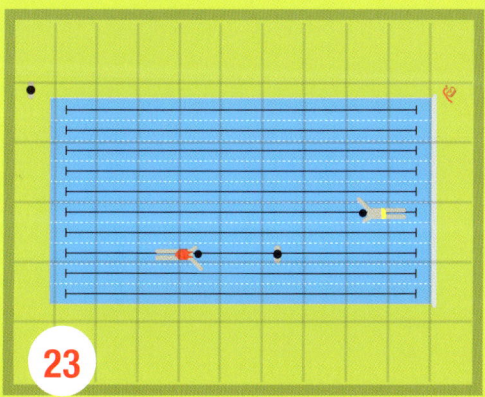

23

Hallenbäder / Piscine coperte / Indoor swimming pools

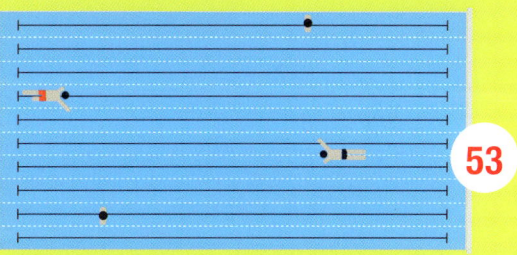

53

Freibäder / Piscine all'aperto / Outdoor swimming pools

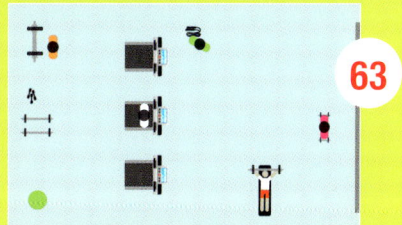

63

Fitnessstudios / Centri fitness / Commercial gyms

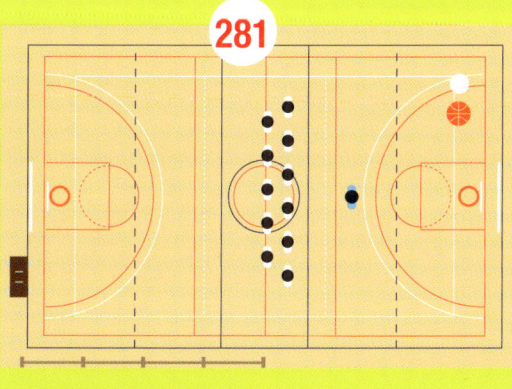

281

Turnhallen / Palestre / Gyms

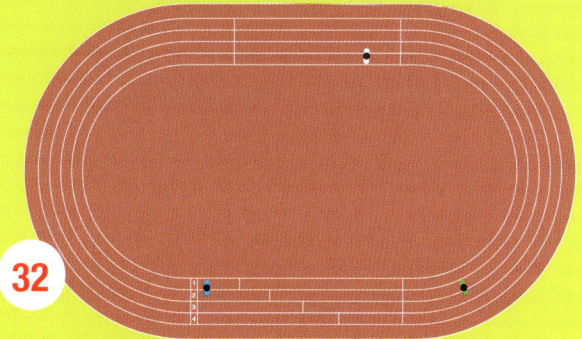

32

Leichtathletikplätze / Campi di atletica / Athletics tracks

Der Himmel über Südtirol
Il cielo sopra l'Alto Adige
The sky over South Tyrol

Einige Flugrouten, die das Land überqueren / Alcune rotte aeree che sorvolano la provincia / Some of the flight routes that cross over South Tyrol

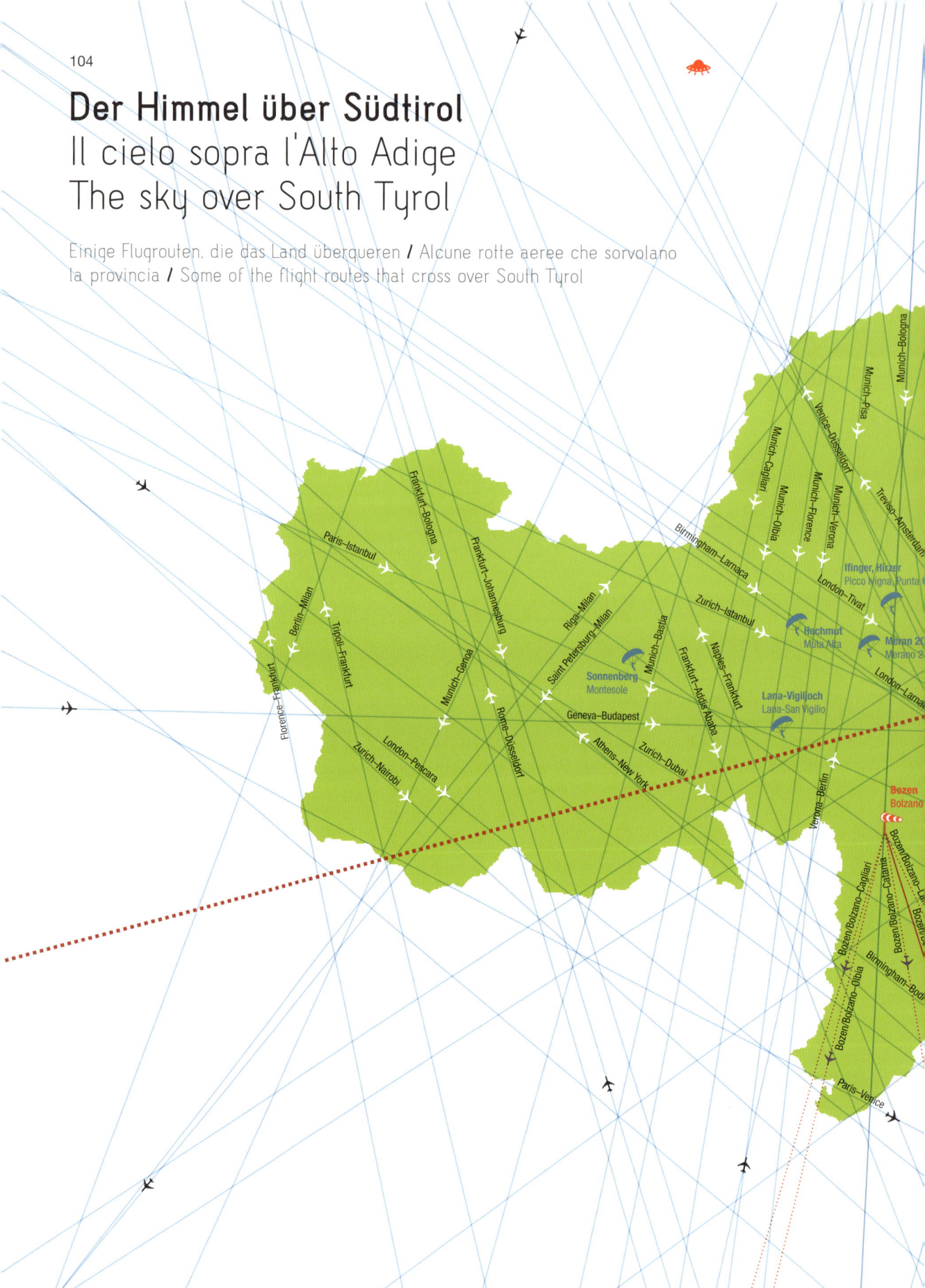

Alle 80 Sekunden tritt ein Flugzeug in Südtiroler Luftraum ein.
Ogni 80 secondi un velivolo entra nello spazio aereo dell'Alto Adige.
A plane enters the South Tyrolean airspace every 80 seconds.

Von der Sonne geküsst
Baciati dal sole
Sun-kissed

Wetter und Quellen erneuerbarer Energie / Clima e fonti
energetiche rinnovabili / Weather and renewable energy sources

1582 GWh / GW·h
**Erzeugte Energie
aus Holzbiomasse**
Produzione energia
da biomassa legnosa
Energy produced
from woody biomass

5760 GWh / GW·h
Erzeugte Energie aus Wasserkraft
Produzione energia idroelettrica
Hydropower energy

148 GWh / GW·h
**Erzeugte Energie aus
Solarwärme und Photovoltaik**
Produzione energia solare
e fotovoltaica
Solar energy

71 GWh / GW·h
Erzeugte Energie aus Biogas
Produzione energia da biogas
Biogas energy

4 GWh / GW·h
Erzeugte Windenergie
Produzione energia eolica
Wind energy

365 **Das Wetter eines Jahres** / Il meteo di un anno / A year's weather

Unter Strom
Corrente continua
It's electrifying

Südtirols Energiekreislauf / Il ciclo energetico in Alto Adige / South Tyrol's energy cycle

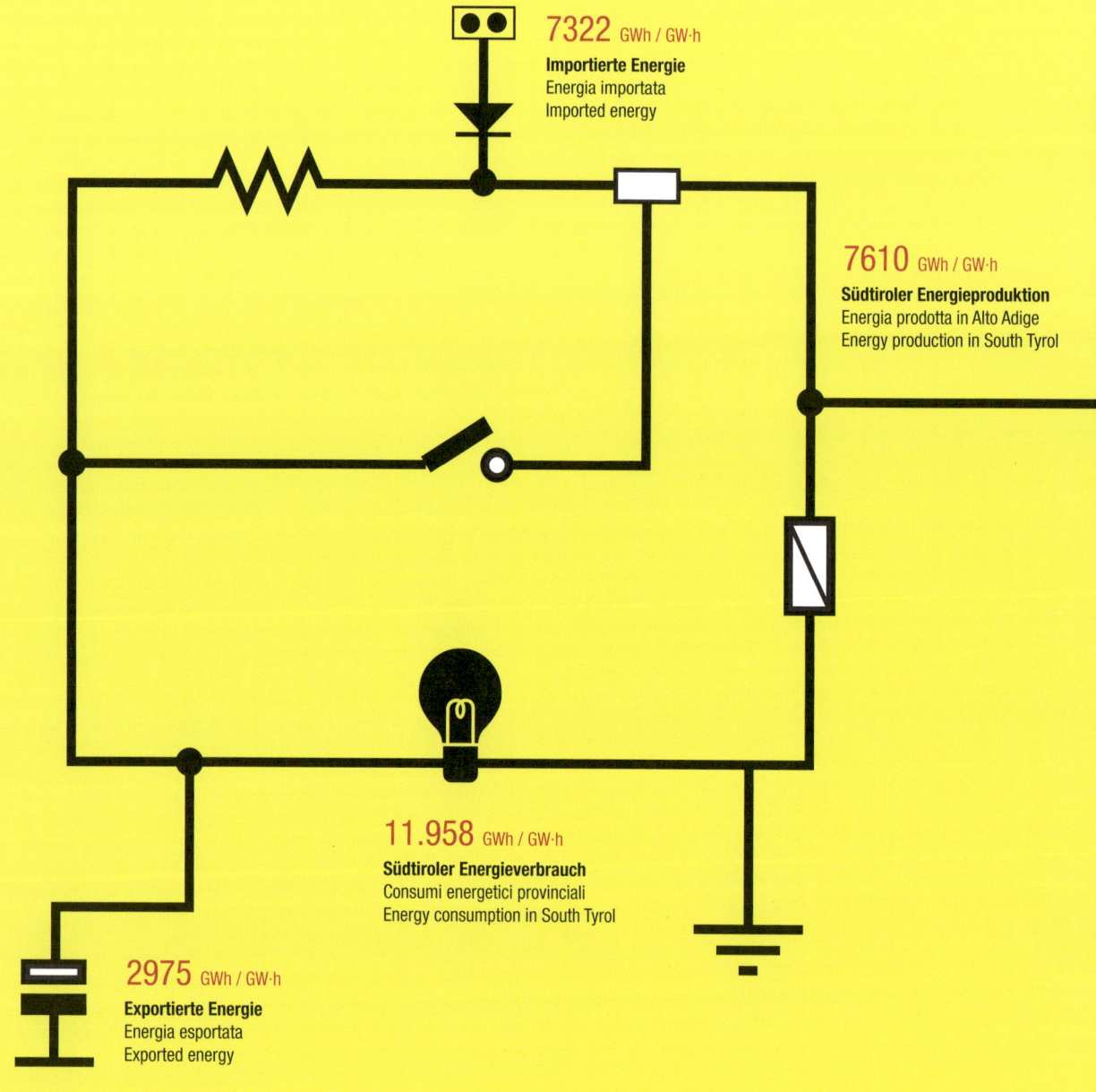

7322 GWh / GW·h

Importierte Energie
Energia importata
Imported energy

7610 GWh / GW·h

Südtiroler Energieproduktion
Energia prodotta in Alto Adige
Energy production in South Tyrol

11.958 GWh / GW·h

Südtiroler Energieverbrauch
Consumi energetici provinciali
Energy consumption in South Tyrol

2975 GWh / GW·h

Exportierte Energie
Energia esportata
Exported energy

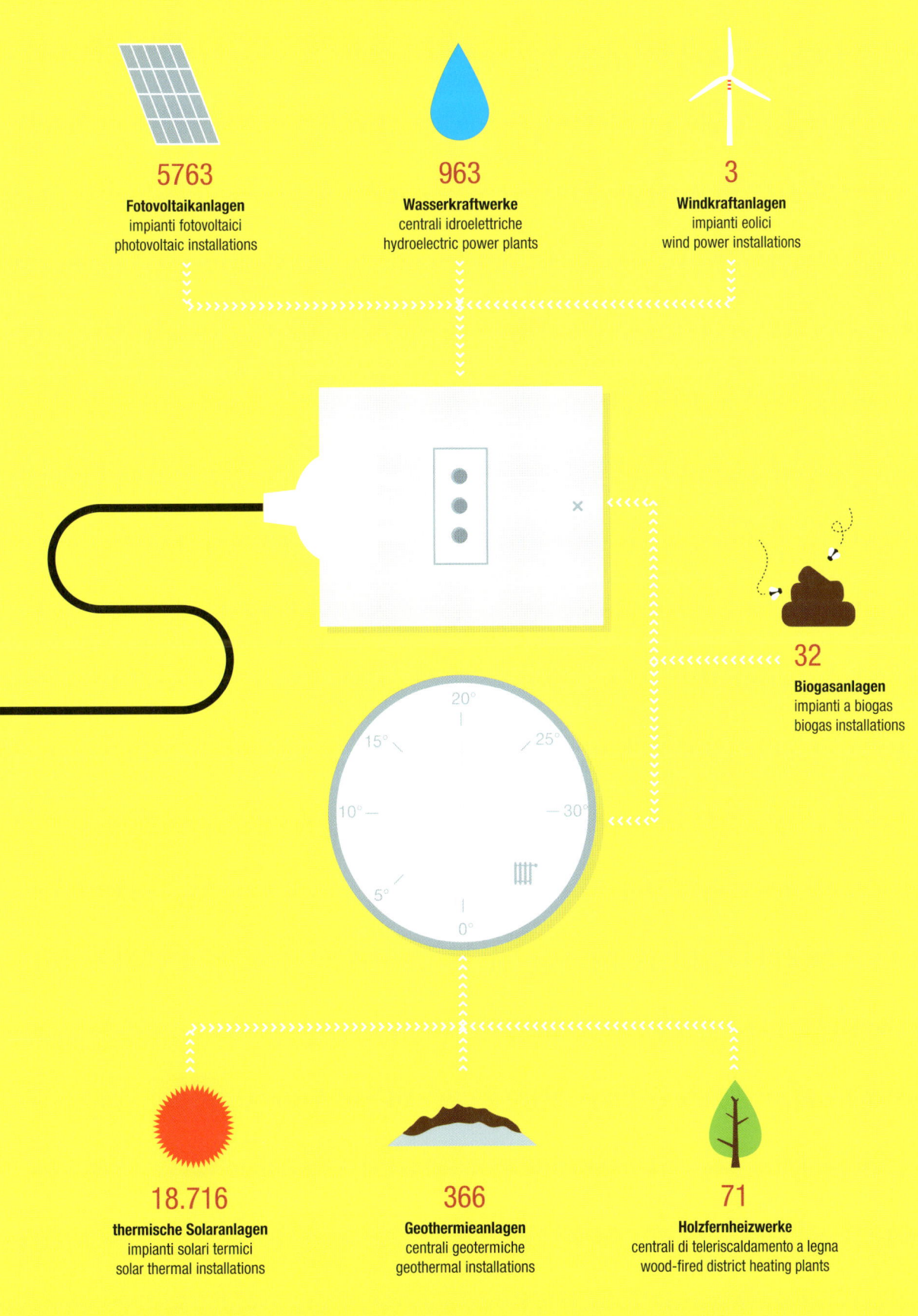

5763
Fotovoltaikanlagen
impianti fotovoltaici
photovoltaic installations

963
Wasserkraftwerke
centrali idroelettriche
hydroelectric power plants

3
Windkraftanlagen
impianti eolici
wind power installations

32
Biogasanlagen
impianti a biogas
biogas installations

18.716
thermische Solaranlagen
impianti solari termici
solar thermal installations

366
Geothermieanlagen
centrali geotermiche
geothermal installations

71
Holzfernheizwerke
centrali di teleriscaldamento a legna
wood-fired district heating plants

Die Quadratur des Geldes
La quadratura dei conti
Budget calculus

Die Ausgaben der Autonomen Provinz Bozen – Südtirol 2012 in Millionen Euro **/** Spese della Provincia autonoma di Bolzano – Alto Adige nel 2012, in milioni di Euro **/** The expenditures of the autonomous province of Bolzano – South Tyrol in 2012 in millions of Euros

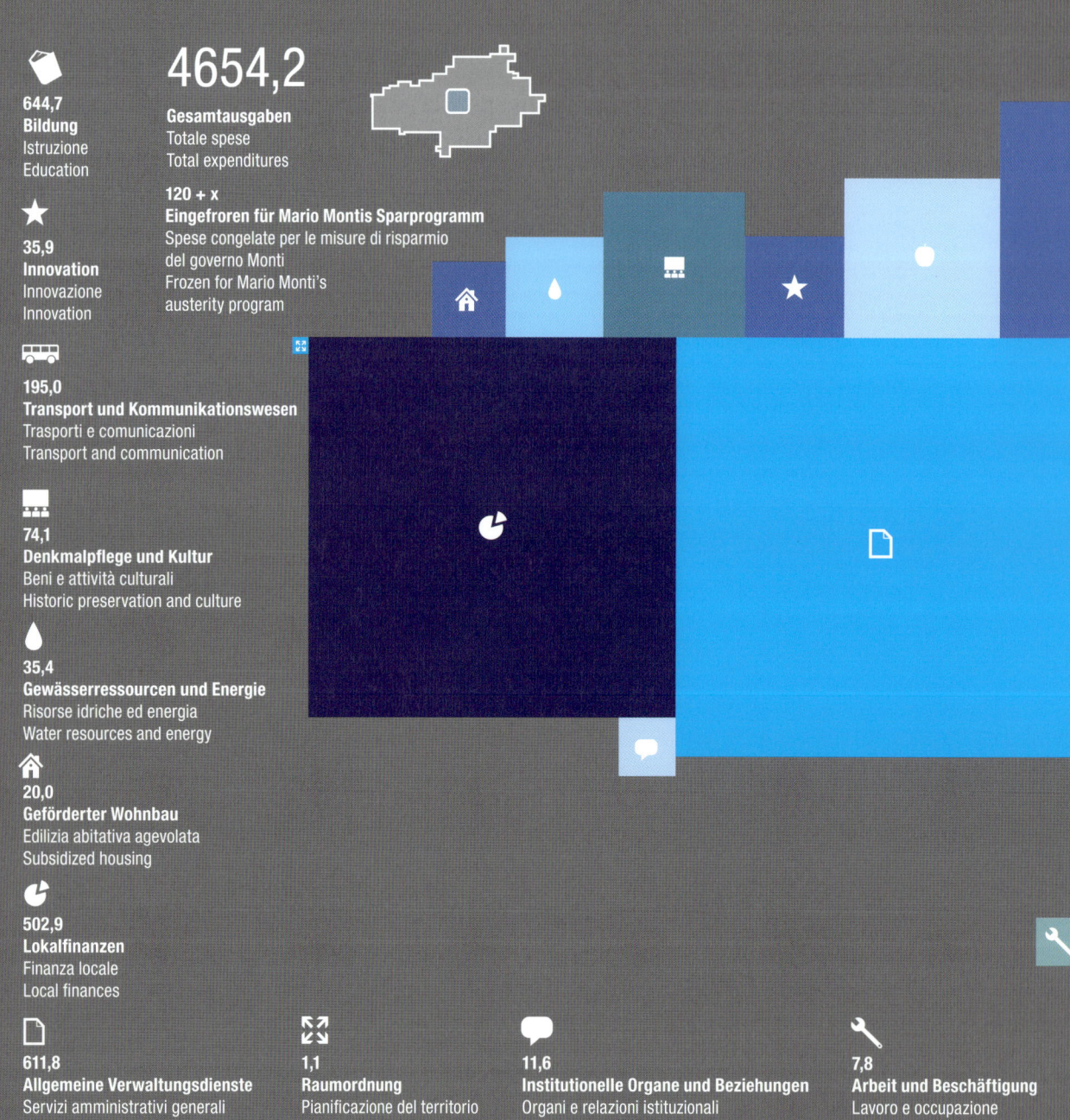

644,7
Bildung
Istruzione
Education

4654,2
Gesamtausgaben
Totale spese
Total expenditures

35,9
Innovation
Innovazione
Innovation

120 + x
Eingefroren für Mario Montis Sparprogramm
Spese congelate per le misure di risparmio del governo Monti
Frozen for Mario Monti's austerity program

195,0
Transport und Kommunikationswesen
Trasporti e comunicazioni
Transport and communication

74,1
Denkmalpflege und Kultur
Beni e attività culturali
Historic preservation and culture

35,4
Gewässerressourcen und Energie
Risorse idriche ed energia
Water resources and energy

20,0
Geförderter Wohnbau
Edilizia abitativa agevolata
Subsidized housing

502,9
Lokalfinanzen
Finanza locale
Local finances

611,8
Allgemeine Verwaltungsdienste
Servizi amministrativi generali
General administrative services

1,1
Raumordnung
Pianificazione del territorio
Regional planning

11,6
Institutionelle Organe und Beziehungen
Organi e relazioni istituzionali
Institutional organs and relations

7,8
Arbeit und Beschäftigung
Lavoro e occupazione
Jobs and employment

24,2
Berufsbildung
Formazione professionale
Vocational training

45,2
Forst- und Bergwirtschaft
Foreste ed economia montana
Forestry and mountain
resource management

144,3
Straßennetz
Viabilità
Road network

141,0
**Handel, Handwerk
und Industrie**
Commercio, artigianato
e industria
Commerce, trade
and industry

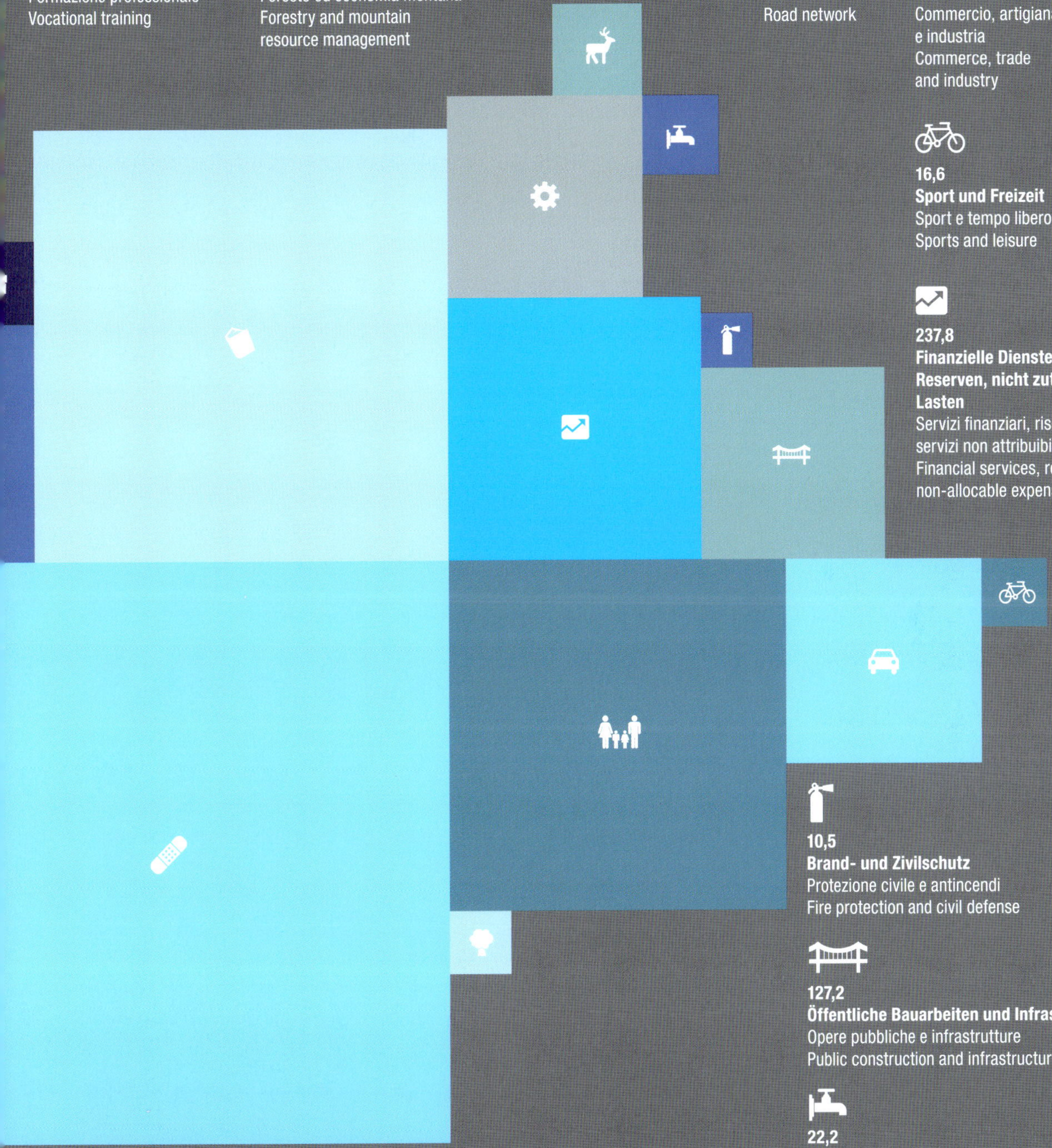

16,6
Sport und Freizeit
Sport e tempo libero
Sports and leisure

237,8
**Finanzielle Dienste,
Reserven, nicht zuteilbare
Lasten**
Servizi finanziari, riserve,
servizi non attribuibili
Financial services, reserves,
non-allocable expenses

10,5
Brand- und Zivilschutz
Protezione civile e antincendi
Fire protection and civil defense

127,2
Öffentliche Bauarbeiten und Infrastrukturen
Opere pubbliche e infrastrutture
Public construction and infrastructure

22,2
Wasserbauten und Bodenschutz
Opere idrauliche e difesa del suolo
Hydraulic structures and soil protection

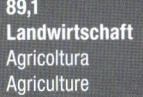

89,1
Landwirtschaft
Agricoltura
Agriculture

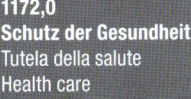

1172,0
Schutz der Gesundheit
Tutela della salute
Health care

14,1
Umweltschutz
Difesa dell'ambiente
Environmental protection

424,7
Familie und Sozialwesen
Famiglia e politiche sociali
Family and social services

43,0
Fremdenverkehr und Gastgewerbe
Turismo e industria alberghiera
Tourism and hospitality industry

112

Gut gewappnet
A ciascuno il suo blasone
Emblematic

Was in den Wappen der Südtiroler Gemeinden steckt **/** Simboli, oggetti e animali negli stemmi
dei comuni altoatesini **/** The coats of arms of South Tyrol's municipalities

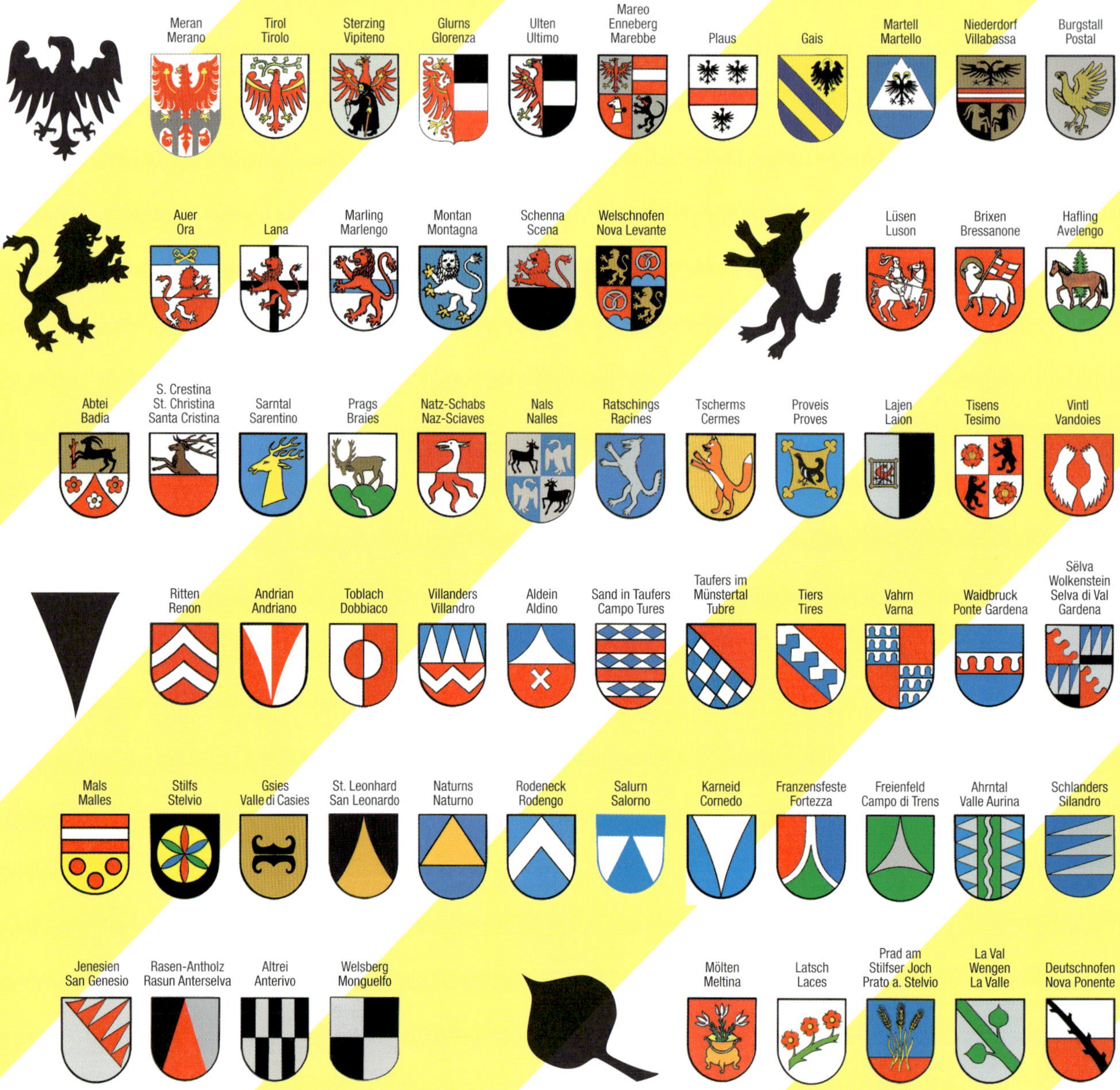

| Meran Merano | Tirol Tirolo | Sterzing Vipiteno | Glurns Glorenza | Ulten Ultimo | Mareo Enneberg Marebbe | Plaus | Gais | Martell Martello | Niederdorf Villabassa | Burgstall Postal |

| Auer Ora | Lana | Marling Marlengo | Montan Montagna | Schenna Scena | Welschnofen Nova Levante | Lüsen Luson | Brixen Bressanone | Hafling Avelengo |

| Abtei Badia | S. Crestina St. Christina Santa Cristina | Sarntal Sarentino | Prags Braies | Natz-Schabs Naz-Sciaves | Nals Nalles | Ratschings Racines | Tscherms Cermes | Proveis Proves | Lajen Laion | Tisens Tesimo | Vintl Vandoies |

| Ritten Renon | Andrian Andriano | Toblach Dobbiaco | Villanders Villandro | Aldein Aldino | Sand in Taufers Campo Tures | Taufers im Münstertal Tubre | Tiers Tires | Vahrn Varna | Waidbruck Ponte Gardena | Sëlva Wolkenstein Selva di Val Gardena |

     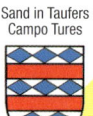    

| Mals Malles | Stilfs Stelvio | Gsies Valle di Casies | St. Leonhard San Leonardo | Naturns Naturno | Rodeneck Rodengo | Salurn Salorno | Karneid Cornedo | Franzensfeste Fortezza | Freienfeld Campo di Trens | Ahrntal Valle Aurina | Schlanders Silandro |

        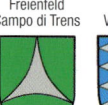 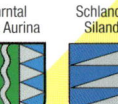

| Jenesien San Genesio | Rasen-Antholz Rasun Anterselva | Altrei Anterivo | Welsberg Monguelfo | Mölten Meltina | Latsch Laces | Prad am Stilfser Joch Prato a. Stelvio | La Val Wengen La Valle | Deutschnofen Nova Ponente |

| Bozen Bolzano | Neumarkt Egna | Kiens Chienes | Kurtinig Cortina | Tramin Termeno | Eppan Appiano |

Branzoll Bronzolo   Kurtatsch Cortaccia   Margreid Magrè

Percha Perca   Laurein Lauregno   Terenten Terento   Pfalzen Falzes   Vöran Verano   Kalten Caldaro   Algund Lagundo   Partschins Parcines   Klausen Chiusa   St. Martin in Passeier San Martino in Passiria   Olang Valdaora

Bruneck Brunico   Gargazon Gargazzone   Innichen San Candido   St. Pankraz San Pancrazio   S. Martin de Tor St. Martin in Thurn San Martino in Badia   Pfatten Vadena   Terlan Terlano   Völs am Schlern Fiè allo Sciliar   Feldthurns Velturno   Kastelruth Castelrotto

 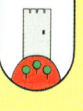    

Mühlbach Rio di Pusteria   Mühlwald Selva dei Molini   Schluderns Sluderno   Kastelbell-Tschars Castelbello-Ciardes   Brenner Brennero   Laas Lasa   Pfitsch Val di Vizze   Prettau Predoi

Corvara   Sexten Sesto   Moos in Passeier Moso in Passiria   Villnöß Funes   Barbian Barbiano   Graun Curon   Leifers Laives   Riffian Rifiano

      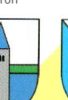 

St. Lorenzen San Lorenzo di Sebato   Kuens Caines   Urtijëi St. Ulrich Ortisei   Truden Trodena   Schnals Senales   Unsere liebe Frau im Walde-St. Felix Senale-San Felice

Gewählt & gepflückt
Il "fiore" della politica
Elected & picked

Die Verbreitung des Edelweißes und der Südtiroler Volkspartei / Diffusione della stella alpina e della Südtiroler Volkspartei / The prevalence of edelweiss and of the South Tyrolean Peoples Party (SVP)

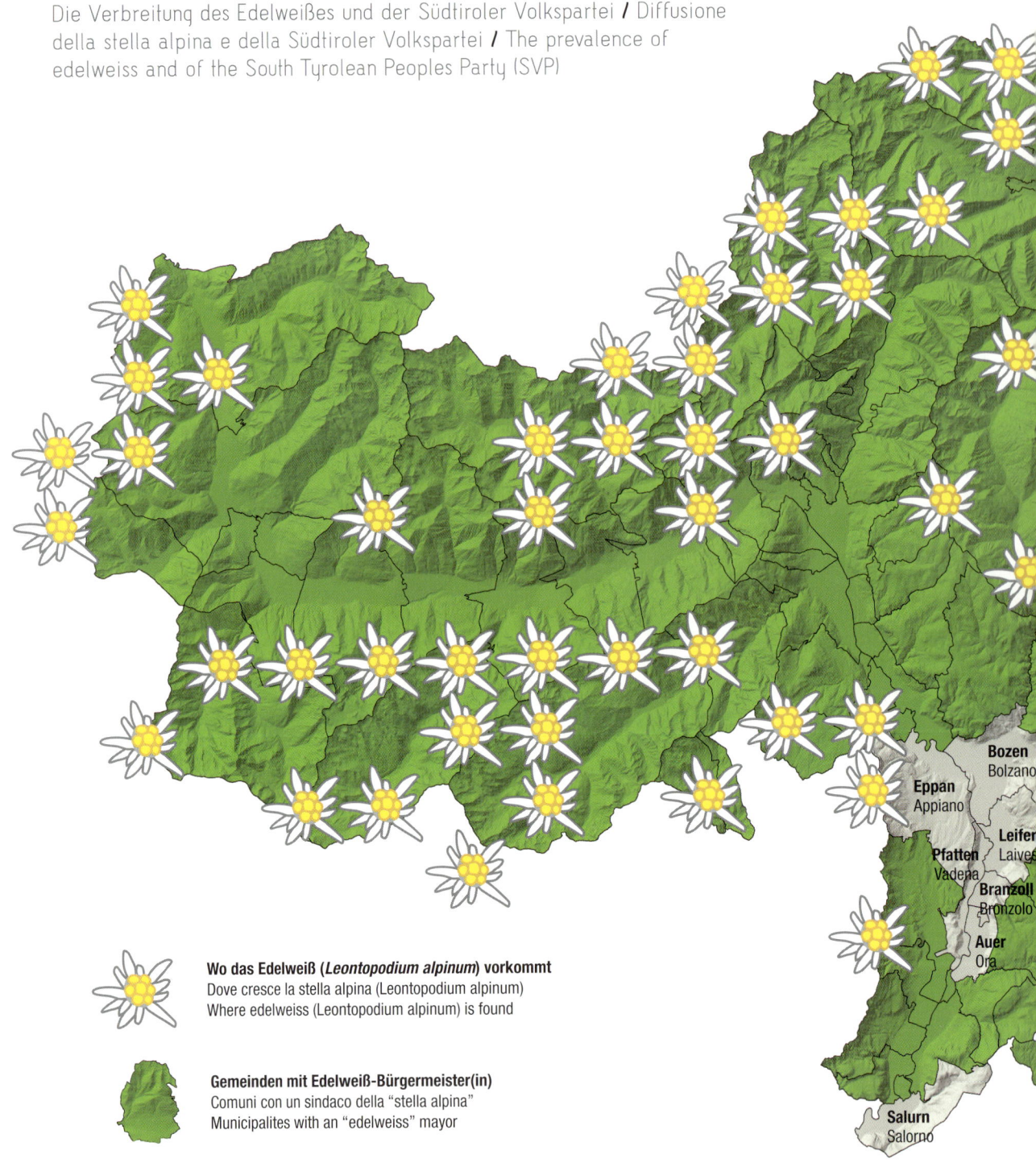

Bozen
Bolzano

Eppan
Appiano

Leifer
Laives

Pfatten
Vadena

Branzoll
Bronzolo

Auer
Ora

Salurn
Salorno

Wo das Edelweiß (*Leontopodium alpinum*) vorkommt
Dove cresce la stella alpina (Leontopodium alpinum)
Where edelweiss (Leontopodium alpinum) is found

Gemeinden mit Edelweiß-Bürgermeister(in)
Comuni con un sindaco della "stella alpina"
Municipalites with an "edelweiss" mayor

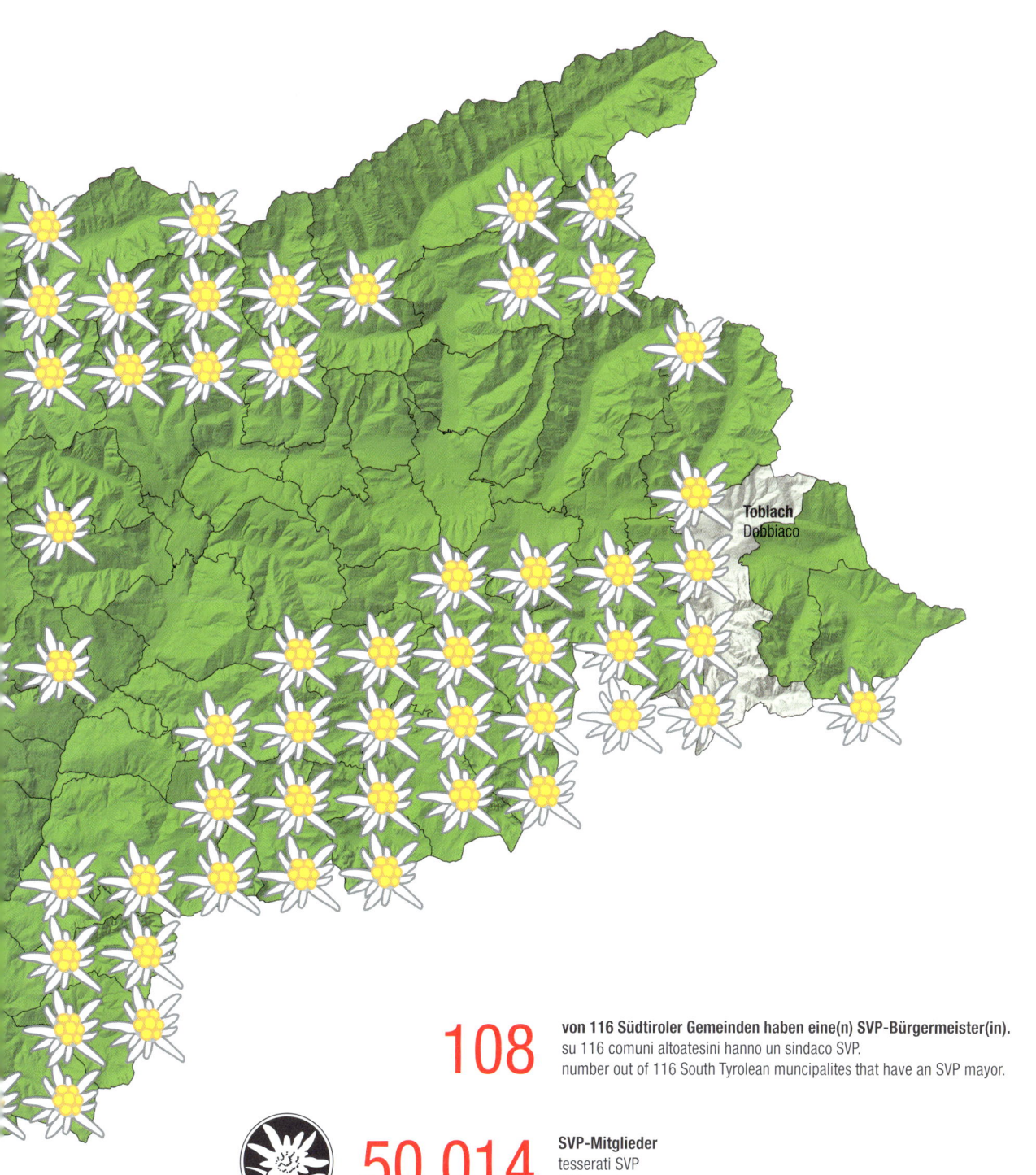

108 von 116 Südtiroler Gemeinden haben eine(n) SVP-Bürgermeister(in).
su 116 comuni altoatesini hanno un sindaco SVP.
number out of 116 South Tyrolean muncipalites that have an SVP mayor.

50.014 SVP-Mitglieder
tesserati SVP
SVP members

9,9 % der Südtirolerinnen und Südtiroler sind SVP-Mitglieder.
delle altoatesine e degli altoatesini hanno la tessera SVP.
of South Tyroleans are SVP members.

Action Painting nach strengem Fahrplan
Questo non è action painting
This isn't action painting

Zwei Monate im Terminkalender von Südtirols Landeshauptmann Luis Durnwalder
(kein Fake!) **/** Due mesi dall'agenda del Presidente della Provincia Luis
Durnwalder (estratto autentico!) **/** Two months in the diary of Luis Durnwalder,
head of government of the province of Bolzano – South Tyrol (not a fake!)

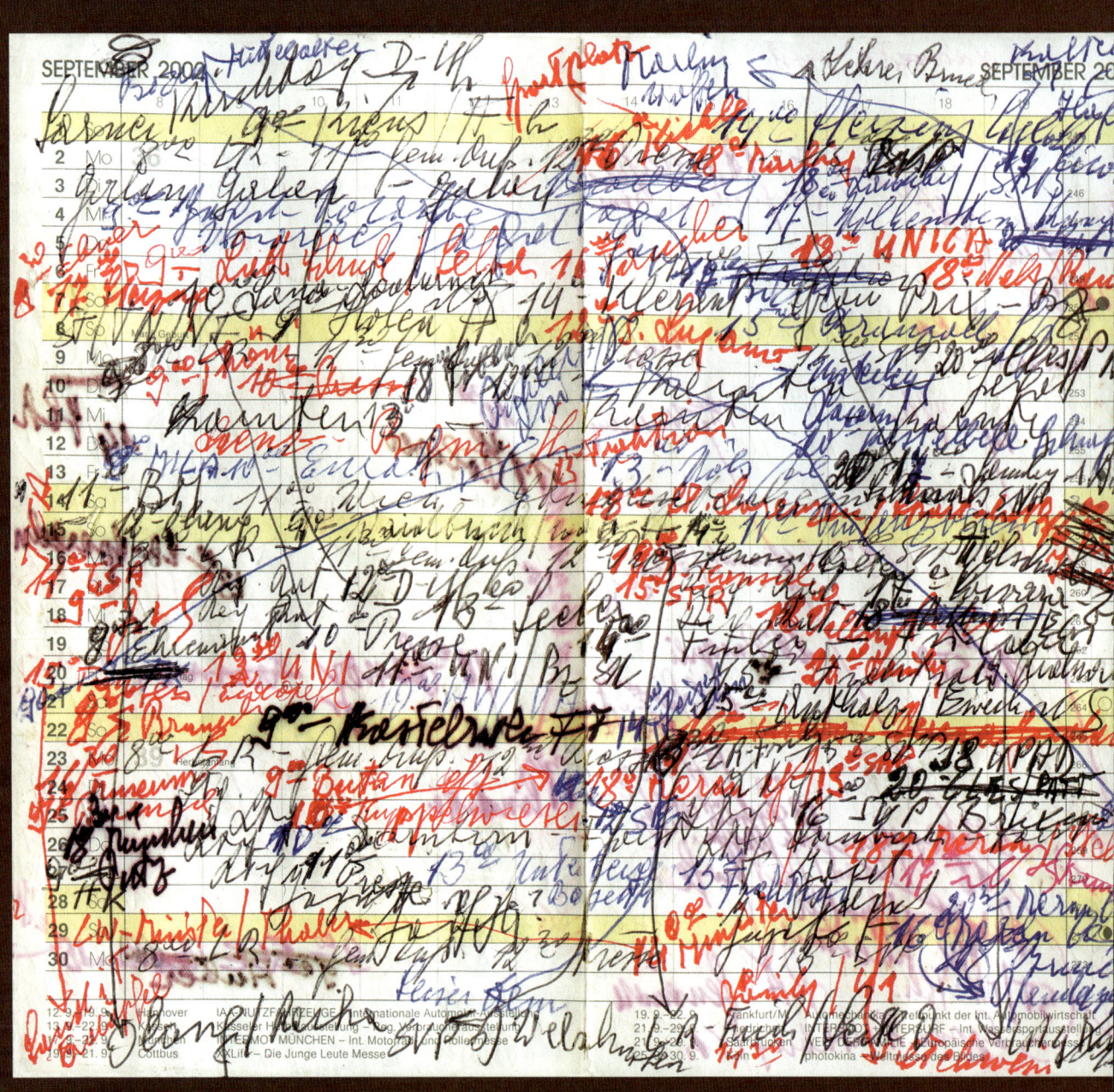

Durnwalder hält frühmorgens eine Bürgersprechstunde.
Durnwalder riceve regolarmente i cittadini alle 6 del mattino.
Durnwalder holds regular early-morning consultation hours open to all citizens.

22
Personen pro Tag und Sprechstunde
persone/giorno
persons per day

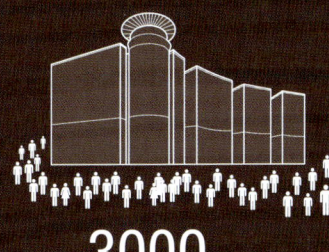

3000
Personen pro Jahr
persone/anno
persons per year

1989   2012

72.000
Personen in 24 Jahren Amtszeit
persone in 24 anni di presidenza
persons during his 24 years in office

100 Jahre im Zeitraffer
100 anni di avvenimenti
100 years in fast-motion overview

Ein historischer Parcours abgesteckt von Hans Heiss / Un percorso di storia contemporanea tracciato da Hans Heiss / A historical survey staked out by Hans Heiss

17/11/1912

Flugzeug stürzt in Bozen beim Start aus 15 m Höhe ab. Erster Flugunfall in Tirol.

Velivolo precipita da 15 metri di altezza dopo il decollo da Bolzano. È il primo incidente aereo in Tirolo.

Airplane crashes from a height of 15 meters taking off from Bolzano. First air traffic accident in Tyrol.

21/11/1916

† Franz Joseph I., Kaiser von Österreich; Monarchie überlebt noch knapp zwei Jahre.

† Francesco Giuseppe I, imperatore d'Austria; la monarchia asburgica gli sopravvivrà per meno di due anni.

† Franz Joseph I, Emperor of Austria; monarchy survives him by barely two years.

10/10/1920

Ein Jahr nach dem Friedensvertrag von St. Germain, der die Abtretung Südtirols an Italien besiegelt, wird das Land auch offiziell annektiert.

L'Alto Adige è ufficialmente annesso all'Italia, dando così attuazione al trattato di St. Germain stipulato un anno prima.

One year after the Treaty of Saint-Germain, which seals the transfer of South Tyrol to Italy, the country is also officially annexed.

ab / dal / from 10/1923

Deutsche Schulen, historische Ortsnamen, eigenständige Verwaltung und freie Presse werden beseitigt; deutschsprachige und ladinische Minderheit sollen assimiliert werden.

Sono abolite le scuole tedesche, i toponimi storici, l'amministrazione autonoma e la stampa libera; le minoranze linguistiche tedesca e ladina devono essere "assimilate".

German schools, historical place names, independent public administrations and the free press are eliminated; the German-language and Ladin minority are to be assimilated.

1912

1912	1913	1914	1915	1916	1917	1918	1919	1920	1921	1922	1923

4/2/1914

* Silvius Magnago – „Vater der Südtirol-Autonomie"

* Silvius Magnago – "padre dell'autonomia sudtirolese"

* Silvius Magnago – "father of South Tyrolean autonomy"

23/5/1915

Italien erklärt Österreich-Ungarn den Krieg; als Prämie für Kriegseintritt winkt Brennergrenze.

L'Italia dichiara guerra all'Austria-Ungheria; come premio si prospetta l'auspicato spostamento del confine al Brennero.

Italy declares war on Austria-Hungary; Brenner border beckons as war bonus.

4/11/1918

Erster Weltkrieg endet mit Niederlage Österreich-Ungarns; Südtirol wird von italienischen Truppen besetzt.

La Prima guerra mondiale finisce con la sconfitta dell'Austria-Ungheria; l'Alto Adige è occupato dalle truppe italiane.

The First World War ends with defeat of Austria-Hungary; South Tyrol occupied by Italian troops.

28/10/1922

Machtergreifung des Faschismus; bereits im April 1921 war der Lehrer Franz Innerhofer in Bozen Opfer faschistischer Gewalt geworden.

Avvento del fascismo al potere; già nell'aprile del 1921 il maestro Franz Innerhofer era rimasto vittima della violenza delle camicie nere.

The Fascists seize power; in April 1921 teacher Franz Innerhofer had already fallen victim to fascist brutality in Bolzano.

17/5/1930

Der Raumfahrtpionier Max Valier stirbt bei der Explosion eines Raketenwagens.

Max Valier, pioniere della missilistica, muore in seguito all'esplosione di un razzo durante il collaudo.

The space travel pioneer Max Valier dies in a rocket-car explosion.

Frühjahr / Primavera / Spring 1935

Der Aufbau des Bozner Industriegebiets mit Metall- und Holzverarbeitung soll die Stadt demografisch und architektonisch grundlegend verändern.

Nasce la zona industriale di Bolzano con stabilimenti metallurgici e di lavorazione del legno; l'obiettivo è trasformare radicalmente la struttura demografica e architettonica della città.

It is hoped that building up Bolzano's industrial area with metal- and woodworking operations will radically transform the city both demographically and architecturally.

1/1/1927

Die Provinz Bozen wird errichtet und umfasst Südtirol – ohne das zu Trient geschlagene Unterland.

Viene istituita la Provincia di Bolzano che comprende il Sudtirolo senza però la Bassa Atesina, assegnata invece a Trento.

The province of Bolzano is established, comprising South Tyrol but without the lowlands ceded to Trento.

12/7/1928

Siegesdenkmal in Bozen wird eingeweiht.

Viene inaugurato a Bolzano il monumento alla Vittoria.

Victory monument in Bolzano is inaugurated.

30/1/1933

Hitler ergreift in Deutschland die Macht; Südtirol hofft auf „Erlösung" und Heimholung.

Hitler sale al potere in Germania; l'Alto Adige spera nel "riscatto" e in una reintegrazione nel Reich tedesco.

Hitler seizes power in Germany; South Tyrol hopes for "release" and repatriation.

| 1925 | 1926 | 1927 | 1928 | 1929 | 1930 | 1931 | 1932 | 1933 | 1934 | 1935 | 1936 |

1936

London Herald — WALL STREET CRASH!

25/10/1929

Der „Schwarze Freitag" an der New Yorker Börse leitet die Weltwirtschaftskrise ein.

Il "venerdì nero" alla Borsa di New York innesca la grande crisi economica.

"Black Friday" on the New York Stock Exchange triggers world economic crisis.

1932

Die Bergsteigerin und Skirennläuferin Paula Wiesinger gewinnt die WM-Abfahrt in Cortina.

La scalatrice e sciatrice Paula Wiesinger vince a Cortina la discesa libera valida per la Coppa del Mondo di sci alpino.

Mountain climber and skier Paula Wiesinger wins the World Cup downhill race in Cortina.

5/1926

Karl Felderer dichtet „Bozner Bergsteigerlied" (*Wohl ist die Welt so groß und weit...*), die heimliche Landeshymne auf das besetzte Südtirol.

Karl Felderer compone il *Bozner Bergsteigerlied* ("Canto dei montanari bolzanini"), inno patriottico clandestino nel Sudtirolo occupato.

Karl Felderer writes the *Bozner Bergsteigerlied* ("Bozen Mountaineer's Song"), the secret patriotic hymn of occupied South Tyrol.

1931

Luis Trenker beginnt mit dem Film „Berge in Flammen" seine lange Karriere und zeichnet ein neues Bild Südtirols.

Con il film *Berge in Flammen* ("Montagne in fiamme") Luis Trenker inizia la sua lunga carriera di cineasta e fornisce una nuova immagine dell'Alto Adige.

With the film *Berge in Flammen* ("Mountains in Flames") Luis Trenker embarks on a long career and paints a new picture of South Tyrol.

24/9/1945

Letzte
Vollstreckung der
Todesstrafe in Südtirol

Ultima esecuzione capitale
in Alto Adige

Last enforcement of
the death penalty in
South Tyrol

2/6/1946

55 % der Italiener
stimmen für Republik und
gegen Monarchie als Staatsform;
Südtirol nimmt wegen seines
ungeklärten Status an der Abstimmung
nicht teil.

Referendum istituzionale: il 55 % degli italiani vota
per la repubblica e decreta la fine della monarchia;
l'Alto Adige ancora sotto amministrazione
alleata è escluso dalla consultazione.

55 % of Italians vote for the Republic
and against the monarchy as form of
government; due to its uncertain
status, South Tyrol does not
take part in the vote.

31/1/1948

Südtirol und
Trentino erhalten zusammen
einen Autonomievertrag: Die
Region Trentino-Tiroler Etschland
ermöglicht Südtirol nur eingeschränkte
Selbstverwaltung.

Le province di Trento e Bolzano ottengono un pr
statuto di autonomia che le unisce nella Regio
Trentino-Alto Adige; all'Alto Adige sono riconosc
solo limitati diritti di autogoverno.

South Tyrol and Trentino receive a joint
autonomy contract: the region of
Trentino-Tiroler Etschland provides
for only limited autonomy
for South Tyrol.

31/12/1939

Über 80 % der
Südtiroler wählen die
deutsche Staatsbürgerschaft und die
Abwanderung ins Großdeutsche Reich.
Bis 1943 wandern rund 75.000 von
250.000 Südtirolern ab.

Oltre l'80 % dei sudtirolesi opta per la cittadinanza
tedesca e il trasferimento nella Grande Germania.
Su 250.000 optanti, fino al 1943 ne partiranno
circa 75.000.

More than 80% of South Tyroleans choose German
citizenship and emigration to the Greater
German Reich. By 1943, approximately
75,000 of the 250,000 South
Tyroleans have emigrated.

29/4/1945

Deutsche
Kapitulation in Italien;
Anfang Mai erreichen US-
Truppen die Provinz Bozen; alliierte
Besetzung und italienischer Präfekt.

Resa della Germania in Italia; a inizio
maggio, truppe USA entrano in provincia di
Bolzano; occupazione da parte degli Alleati e
insediamento di un prefetto italiano.

Germany surrenders in Italy; US troops
reach the province of Bolzano – South
Tyrol in early May; Allied occupation
and Italian prefecture.

31/12/1945

Ende der alliierten
Besatzung in Italien
und Südtirol

Fine dell'occupazione alleata
in Italia e in Alto Adige

End of the Allied occupation
in Italy and South Tyrol

28/11/1948

Die
SVP erzielt bei
der ersten Wahl zum
Regionalrat in der Provinz
Bozen über 67 % der Stimmen.

Prime elezioni regionali, l'SVP ottiene
oltre il 67 % dei consensi in Alto Adige

The SVP wins over 67 % of the
vote in the first elections for
the regional council of the
province of Bolzano –
South Tyrol.

8/5/1938

Hitler
erklärt die
Brennergrenze für
unantastbar.

Hitler dichiara il confine
del Brennero intangibile.

Hitler declares the
Brenner border to be
inviolable.

1937

| 1937 | 1938 | 1939 | 1940 | 1941 | 1942 | 1943 | 1944 | 1945 | 1946 | 1947 | 1948 |

12/3/1938

Der „Anschluss"
Österreichs an das
Deutsche Reich weckt in
Südtirol Hoffnung auf „Heimkehr
ins Reich".

L'Anschluss dell'Austria alla Germania
nazista riaccende le speranze dei sudtirolesi
in un "ritorno al Reich".

The "Anschluss" (annexation) of Austria
to the German Reich raises hopes in
South Tyrol of "coming home to
the Reich".

8/9/1943

Deutsche Truppen
besetzen Nord- und
Mittelitalien.

Truppe tedesche occupano
l'Italia settentrionale e centrale.

German troops occupy
north and central Italy.

1/9/1939

Der Zweite
Weltkrieg beginnt.

Inizia la Seconda guerra
mondiale.

The Second World
War begins.

8/5/1945

Die
Südtiroler
Volkspartei wird mit
Genehmigung der Alliierten
gegründet; die Minderheit erhält
eine politische Vertretung.

Con il benestare degli Alleati viene fondata la
Südtiroler Volkspartei (SVP), il partito politico
che rappresenta la minoranza tedescofona.

The South Tyrolean People's Party (SVP)
is founded with the permission of
the Allies; the minority gets
political representation.

5/9/1946

Alcide De
Gasperi (I) und Karl
Gruber (A) unterzeichnen das
„Pariser Abkommen" – die Basis
für eine künftige Selbstverwaltung
Südtirols.

Alcide De Gasperi (I) e Karl Gruber (A)
firmano l'Accordo di Parigi, base per la
futura autonomia dell'Alto Adige.

Alcide De Gasperi (I) and Karl Gruber (A)
sign the "Paris Agreements" – the
basis for the future autonomy
of South Tyrol.

23/6/1939

Die Südtiroler sollen über
eine Abwanderung nach
Deutschland oder den Verbleib
bei Italien abstimmen („Option").

Accordo sulle opzioni: i sudtirolesi dovranno
scegliere se trasferirsi in Germania o
rimanere in Italia.

South Tyroleans are given the "option"
to either emigrate to Germany or
remain in Italy.

ab / dal / from 7/1944

Das
Durchgangslager
Bozen dient als
Verschubstation für Häftlinge
aus Italien nach Deutschland.

Il lager di Bolzano funge da campo di
transito per prigionieri destinati alla
deportazione in Germania.

The Bolzano transit camp serves as
relocation station for prisoners
from Italy on their way to
Germany.

14/9/1945

Die
Alliierten lassen
für die Nordgrenze
Italiens nur „kleine
Grenzberichtigungen" zu; damit
wird Südtirol bei Italien verbleiben.

Gli Alleati concedono solo "minime
rettifiche" del confine del Brennero; l'Alto
Adige rimane dunque parte dell'Italia.

The Allies permit only "minor
revisions" of Italy's northern
border; thus, South Tyrol
remains part of Italy.

22/12/1948

Die Trambahn Bozen stellt den Betrieb ein.

La linea tranviaria di Bolzano viene soppressa.

The Bolzano Tram ceases operation.

8/1949

Erste Ausgabe des internationalen Klavier-Wettbewerbs „Ferruccio Busoni" in Bozen

A Bolzano prima edizione del Concorso pianistico internazionale „Ferruccio Busoni"

International piano competition „Ferruccio Busoni" held for the first time, in Bolzano

25/3/1957

Mit den Römischen Verträgen wird die Europäische Wirtschaftsgemeinschaft EWG gegründet; die Brennergrenze verliert langfristig an Bedeutung.

Il Trattato di Roma sancisce la nascita della Comunità economica europea (CEE); il confine del Brennero perde progressivamente importanza.

The Treaty of Rome establishes the European Economic Community (EEC); the Brenner border loses its long-term significance.

17/6/1961

In der „Feuernacht" sprengen Angehörige des „Befreiungsausschusses Südtirol" rund um Bozen Hochspannungsmasten; zahlreiche Attentate sowie gewaltsame Übergriffe der Polizei folgen.

"Notte dei fuochi": aderenti al "Befreiungsausschuss Südtirol" (Comitato di liberazione del Sudtirolo) fanno esplodere numerosi tralicci nei dintorni di Bolzano; successiva escalation di attentati e di violente ritorsioni della polizia.

In the "Night of Fire" members of the "Befreiungsausschuss Südtirol" (South Tyrolean Liberation Committee) blow up a number of electricity pylons around Bolzano; numerous attacks and violent police interventions follow.

26/7/1950

Das Dorf Graun im Oberen Vinschgau versinkt im Wasser des neuen Stausees; die Bevölkerung wird ausgesiedelt.

Dopo il trasferimento degli abitanti, Curon Venosta è sommerso dalle acque del nuovo lago artificiale di Resia.

The village of Graun in the upper Vinschgau is submerged under water when the new reservoir is filled; the population is resettled elsewhere.

2/12/1953

† Volksschriftsteller und Priester Sebastian Rieger („Reimmichl"); seine Bücher erreichen eine Auflage von fast drei Millionen.

† Sebastian Rieger detto "Reimmichl", sacerdote e scrittore popolare i cui libri sono pubblicati in quasi tre milioni di copie.

† Folk author and priest Sebastian Rieger ("Reimmichl"); nearly three million copies of his books are in circulation.

13/9/1959

Der Innsbrucker Landesfestzug zum 150-Jahr-Gedenken des Aufstands Tirols gegen Bayern und Frankreich 1809 wird zur großen Kundgebung für Südtirol.

La parata di Innsbruck per il 150esimo anniversario dell'insurrezione tirolese contro la Francia e la Baviera (1809) si trasforma in una grande manifestazione per il Sudtirolo.

The Innsbruck State Pageant commemorating the 150th anniversary of the Tyrolean Rebellion against Bavaria and France in 1809 becomes a large-scale demonstration for South Tyrol.

| 1950 | 1951 | 1952 | 1953 | 1954 | 1955 | 1956 | 1957 | 1958 | 1959 | 1960 | 1961 |

1961

18/5/1952

Der 35-jährige Joseph Gargitter wird Bischof von Brixen-Säben; am selben Tag erstmals demokratische Gemeindewahlen in Südtirol.

Il 35enne Joseph Gargitter è nominato vescovo della diocesi di Bressanone-Sabiona; lo stesso giorno si tengono in Alto Adige le prime elezioni comunali democratiche.

35-year-old Joseph Gargitter becomes bishop of Bressanone-Sabiona; on the same day, the first democratic local elections are held in South Tyrol.

15/5/1955

Österreich erhält mit dem Staatsvertrag volle Souveränität und tritt seither verstärkt für Südtirol ein.

Il Trattato di Stato restituisce piena sovranità all'Austria; da allora il paese rafforza il proprio ruolo a tutela delle istanze sudtirolesi.

Austria attains full sovereignty with the state treaty and begins to advocate more strongly for South Tyrol.

31/10/1960

Auf Initiative Österreichs kommt die Südtirol-Frage vor die Vereinten Nationen in New York; Österreich und Italien werden zu Verhandlungen aufgefordert.

L'Austria porta la questione sudtirolese dinanzi all'assemblea ONU a New York, la quale invita a trattare con l'Italia per trovare una soluzione.

On Austria's initiative, the South Tyrolean question is brought before the United Nations in New York; Austria and Italy are asked to negotiate.

...5/2/1950

Die ersten 35 Heimkehrer aus sowjetischer Kriegsgefangenschaft treffen in Bozen ein.

tornano a Bolzano i primi 35 reduci dalla prigionia di guerra in Unione Sovietica.

The first 35 prisoners of war returning from Soviet captivity arrive in Bolzano.

3/1/1954

Erster Sendetag des Fernsehprogramms der RAI mit der Vorstellung der „Miss Italia"; Südtirol wird erst 1956 an das staatliche Netz angeschlossen.

Primo giorno di trasmissioni della RAI con la presentazione di "Miss Italia"; l'Alto Adige sarà collegato alla rete nazionale solo nel 1956.

First day of broadcasting for the RAI television station features the "Miss Italia" pageant; South Tyrol will not be connected to the state-run network until 1956.

17/11/1957

Wegen der begrenzten Autonomie fordern 30.000 Südtiroler auf Schloss Sigmundskron: „Los von Trient!"

Stanchi di un'autonomia limitata, 30.000 sudtirolesi si radunano a Castel Firmiano al grido di "Los von Trient!" ("Via da Trento!").

Due to the province's limited autonomy, 30,000 South Tyroleans demonstrate at Sigmundskron Castle, demanding "Freedom from Trento!"

1/10/1963

**Auch
in Südtirol
startet die neue
„Einheitsmittelschule" für
alle 11–14-Jährigen.**

Anche in Alto Adige si inaugura la
nuova "scuola media inferiore", aperta
a ragazzi e ragazze dagli 11 ai 14 anni.

A new "standard middle school" for
all 11–14-year-olds is launched
in Italy, including in South
Tyrol.

25/6/1967

**Die seit über
10 Jahren anhaltende
Attentatswelle endet mit
einem Anschlag, bei dem vier
Militärs sterben.**

L'escalation terroristica in corso da oltre
un decennio finisce con un attentato
in cui muoiono quattro militari.

The wave of assassinations that has been
going on for over 10 years ends with
an attack in which four members
of the armed forced lose
their lives.

1971

**Nur
mehr 20,4 % der
Südtiroler arbeiten in der
Landwirtschaft; 1951 waren es
noch 42,6 %**

Solo il 20,4 % dei sudtirolesi risulta
occupato in agricoltura; nel 1951 era
ancora il 42,6 %.

Only 20.4 % of South Tyroleans
still work in agriculture; in
1951 it was 42.6 %.

1964

**Trotz weiterer Anschläge
und Todesopfer laufen die
Verhandlungen um Südtirol zu-
nehmend erfolgreich weiter.**

Nonostante nuovi atti terroristici e diverse
vittime, le trattative italo-austriache sull'Alto
Adige proseguono con crescente successo.

Despite further assaults and fatalities,
negotiations on South Tyrol are
increasingly successful.

1/3/1968

**Die Universität
Trient wird besetzt;
Schülerproteste erreichen
auch die Oberschulen in Bozen.**

L'Università di Trento viene occupata;
le proteste studentesche coinvolgono
anche le scuole superiori di Bolzano.

The University of Trento is occupied;
student protests also reach the
high schools in Bolzano.

1972

**Gustav Thöni siegt
bei der Winter-Olympiade
in Sapporo im Riesenslalom;
Klaus Dibiasi holt im Turmspringen in
München zum zweiten Mal Gold bei einer
Olympiade.**

Gustav Thöni vince lo slalom gigante alle
Olimpiadi invernali di Sapporo; Klaus Dibiasi
aggiudica a Monaco il suo secondo oro olimpi
nella piattaforma da 10 metri.

Gustav Thöni wins the giant slalom at the
Winter Olympics in Sapporo, while Klaus
Dibiasi takes home from Munich his
second Olympic gold medal in
high diving.

1962

| 1962 | 1963 | 1964 | 1965 | 1966 | 1967 | 1968 | 1969 | 1970 | 1971 | 1972 | 1973 |

4/12/1963

**Italiens
erste Mitte-
Links-Regierung unter
Ministerpräsident Aldo Moro tritt
ihr Amt an; positive Entwicklungen
auch in der Südtirol-Frage.**

Primo governo italiano di centro-sinistra,
guidato da Aldo Moro; ripercussioni positive
per la questione sudtirolese.

Italy's first center-left government under
Prime Minister Aldo Moro takes office,
ushering in positive developments
for the South Tyrolean
question.

18/10/1967

**In Südtirol
wird das 100.000
Kraftfahrzeug zugelassen –
ein LKW der Marke Lancia.**

A Bolzano viene immatricolato
il 100.000esimo autoveicolo, un
autocarro Lancia.

The 100,000th motor vehicle is
registered in South Tyrol –
a Lancia truck.

8/1970

**Erstes
Rockfestival
Südtirols auf dem
Schlossberg in Bruneck**

Primo festival rock in Alto Adige
sulla collina del castello di Brunico

First rock festival in South Tyrol
on Schlossberg Mountain
in Bruneck

8/8/1964

**Die neue
Diözese Bozen-
Brixen wird errichtet;
ihr Gebiet entspricht dem der
Provinz Bozen – Südtirol.**

È istituita la nuova diocesi di Bolzano-
Bressanone, il cui territorio coincide con
quello della provincia di Bolzano.

The new diocese of Bolzano-
Bressanone is established, its
territory corresponding to that of
the province of Bolzano –
South Tyrol.

22/11/1969

**Nach der
Mondlandung
(21. Juli) erzielt auch die Südtirol-
Frage einen Durchbruch: Eine Mehrheit
in der SVP billigt das „Paket", die Grundlage
erweiterter Selbstverwaltung des Landes.**

Dopo la conquista della Luna (21 luglio) si profila
una svolta fondamentale anche per la questione
sudtirolese: una ristretta maggioranza di deputati SVP
approva il "pacchetto" volto ad ampliare l'autonomia
amministrativa della provincia.

After the moon landing (July 21) the South
Tyrolean question achieves a breakthrough:
a majority in the SVP approves "the
package" as basis for the country's
extended autonomy.

20/1/1972

**Anerkannt
von Italien und
Österreich tritt das Zweite
Autonomiestatut in Kraft.**

Approvato da Italia e Austria nel 19
entra in vigore il secondo statuto
autonomia.

The Second Autonomy Statute
goes into effect, recognized
by Italy and Austria.

Ostern / Pasqua / Easter 1974

Nach Fertigstellung des Teilstücks Klausen–Bozen durchquert die Brennerautobahn ganz Südtirol.

Con l'ultimazione del tratto Chiusa-Bolzano termina la costruzione dell'autostrada del Brennero.

After completion of the Klausen–Bolzano stretch, the Brenner motorway crosses through all of South Tyrol.

21/8/1978

† Norbert C. Kaser (31 Jahre): seine Gedichte haben die neue Südtiroler Literatur mitbegründet.

† Norbert C. Kaser (31 anni): le sue poesie sono uno dei pilastri della nuova letteratura sudtirolese.

† Norbert C. Kaser (31 years old): his poems helped establish the new South Tyrolean literature.

1982

✿✿✿

Heinz Winkler gewinnt im „Tantris" in München als jüngster Küchenchef Deutschlands drei Michelin-Sterne.

Heinz Winkler, chef del ristorante Tantris di Monaco, è il più giovane cuoco in Germania a ottenere tre stelle Michelin.

Heinz Winkler is the youngest chef in Germany to win three Michelin stars, with his restaurant "Tantris" in Munich.

31/8/1986

Joseph Gargitter tritt als Bischof von Bozen-Brixen zurück; ihm folgt der Kapuziner Wilhelm Egger.

Joseph Gargitter, vescovo di Bolzano-Bressanone, si dimette per motivi di salute; gli succede il frate cappuccino Wilhelm Egger.

Joseph Gargitter resigns as bishop of Bolzano-Bressanone; his successor is Capuchin friar Wilhelm Egger.

| 1975 | 1976 | 1977 | 1978 | 1979 | 1980 | 1981 | 1982 | 1983 | 1984 | 1985 | 1986 |

1986

1975

Der Komponist und Musiker Giorgio Moroder wird zum Hit-Lieferanten für Disco-Star Donna Summer und gewinnt 1978 und 1983 einen Oscar für die beste Filmmusik.

Il musicista e compositore Giorgio Moroder firma il successo discografico di Donna Summer; le sue colonne sonore vinceranno l'Oscar nel 1978 e nel 1983.

Composer and musician Giorgio Moroder supplies hits for disco queen Donna Summer and wins the Oscar for best original score in 1978 and 1983.

20/9/1980

FF

Das Wochenmagazin ff erscheint erstmalig als Fernseh-Illustrierte.

Primo numero del settimanale "ff", all'epoca una rivista di informazione televisiva.

The weekly magazine "ff" comes out for the first time as a TV guide.

1982

Joseph Zoderer erzielt mit seinem Südtirol-Roman „Die Walsche" einen großen Erfolg im gesamten deutschen Sprachraum.

Joseph Zoderer riscuote grande successo nell'area tedescofona con il romanzo *Die Walsche* ("L'italiana").

Joseph Zoderer reaps acclaim throughout the German-speaking world with his novel about South Tyrol, "Die Walsche".

16/10/1986

Reinhold Messner hat als erster Mensch der Welt alle 14 Achttausender ohne künstlichen Sauerstoff bezwungen.

Reinhold Messner è il primo uomo a conquistare tutti e 14 gli ottomila della Terra senza l'ausilio di ossigeno supplementare.

Reinhold Messner is the first mountaineer in the world to conquer all 14 eight-thousanders without supplementary oxygen.

1/1/1995

Österreichs
EU-Beitritt erleichtert
den Grenzverkehr und Aus-
tausch zwischen Tirol, Südtirol
und dem Trentino.

L'adesione dell'Austria alla UE agevola
il traffico transfrontaliero e gli scambi tra
Tirolo, Alto Adige e Trentino.

Austria joins the European Union,
facilitating border traffic and
exchanges between Tyrol,
South Tyrol and Trentino.

1/4/1998

Mit dem
Schengener Abkommen
fallen die Grenzkontrollen
am Brenner.

Con l'accordo di Schengen vengono
eliminati i controlli alla frontiera
del Brennero.

The Schengen Agreement does
away with the need for border
controls along the
Brenner.

17/7/1988

Papst Johannes
Paul II. besucht den
Südtiroler Wallfahrtsort
Maria Weißenstein.

Papa Giovanni Paolo II visita
il santuario di Pietralba.

Pope John Paul II visits the South
Tyrolean pilgrimage site
Maria Weissenstein.

19/9/1991

Das deutsche
Ehepaar Simon entdeckt
die über 5000 Jahre alte
Gletschermumie Ötzi.

Durante una vacanza in Alto Adige,
i coniugi tedeschi Simon scoprono
Ötzi, una mummia di oltre 5000 anni.

Mr and Mrs Simon from Germany
discover the over 5,000-year-
old glacier mummy
Ötzi.

1996

Die Radfahrerin
Antonella Bellutti holt
olympisches Gold in Atlanta.

La ciclista Antonella Bellutti
è medaglia d'oro alle Olimpiadi
di Atlanta.

The cyclist Antonella Bellutti
wins an Olympic gold
medal in Atlanta.

1987

| 1987 | 1988 | 1989 | 1990 | 1991 | 1992 | 1993 | 1994 | 1995 | 1996 | 1997 | 1998 |

17/3/1989

Wachablöse
an der Spitze der
Landesregierung: Nach
29 Jahren tritt Silvius Magnago
als Landeshauptmann ab;
ihm folgt Luis Durnwalder.

Cambio della guardia ai vertici del governo
provinciale: Silvius Magnago si dimette dopo
29 anni da presidente della giunta;
gli succede Luis Durnwalder.

Changing of the guard at the helm of the
provincial government: after 29 years
Silvius Magnago retires as Minister-
President; he is succeeded by
Luis Durnwalder.

19/6/1992

Nach über
30 Jahren Streit um Südtirol
deponieren Österreich und Italien
die „Streitbeendigungserklärung"
vor der UNO.

Dopo trent'anni di discussioni, gli ambasciatori
italiano e austriaco consegnano all'ONU la
"dichiarazione di chiusura della controversia"
sull'Alto Adige.

After over 30 years of conflict over South
Tyrol, Austria and Italy sign a declaration
in front of the UN building in New
York officially ending the
dispute.

3/7/1995

† Alexander
Langer, Mitbegründer der
italienischen und Südtiroler
Grünen sowie EU-Abgeordneter

† Alexander Langer, co-fondatore
dei Verdi italiani e altoatesini ed
eurodeputato

† Alexander Langer, co-founder of the
Italian and South Tyrolean Green
Party and Member of the
European Parliament

8/1997

Die
Schnellstraße
Meran–Bozen (Mebo)
wird eröffnet.

Inaugurazione della super-
strada Merano-Bolzano (Mebo)

The Merano–Bolzano
motorway (Mebo) is
opened.

Herbst / Autunno / Autumn 1996

Die „Neue
Südtiroler Tageszeitung"
tritt neben die seit langem
erfolgreichen Tagblätter „Dolomiten"
und „Alto Adige".

La "Neue Südtiroler Tageszeitung" amplia
il panorama dell'informazione locale,
da tempo appannaggio dei quotidiani
"Alto Adige" e "Dolomiten".

The "Neue Südtiroler Tageszeitung" joins
the ranks of the long-successful
daily papers "Dolomiten" and
"Alto Adige".

DIE NEUE SÜDTIROLER
Tageszeitung

12/4/2010

Eine Mure verschüttet die vorbeifahrende Vinschger Bahn und fordert 9 Todesopfer.

Una frana provoca il deragliamento di un treno in Val Venosta: 9 le vittime.

A landslide buries a train on the Vinschgau line, claiming 9 victims.

2012

Italiens Ministerpräsident Mario Monti bedroht mit seiner Sparpolitik die Südtirol-Autonomie.

La politica di risparmio del premier Mario Monti mette a rischio l'autonomia dell'Alto Adige.

Italian Prime Minister Mario Monti threatens South Tyrolean autonomy with his austerity policy.

8/2009

Die Dolomiten werden zum UNESCO-Weltnaturerbe erklärt.

L'Unesco dichiara le Dolomiti "Patrimonio naturale dell'umanità".

The Dolomites are declared a UNESCO World Heritage Site.

3/2001

Eröffnung der „Gärten von Schloss Trauttmansdorff" bei Meran, Südtirols Attraktion Nr. 1 mit über 430.000 Besuchern pro Jahr

Inaugurazione a Merano dei Giardini di Castel Trauttmansdorff, principale attrattiva dell'Alto Adige con 430.000 visitatori all'anno

Inauguration of the "Gardens of Trauttmansdorff Castle" near Merano, South Tyrol's No. 1 tourist attraction, with more than 430,000 visitors per year

20/9/2009

Großer Landesfestzug zum 200-Jahr-Jubiläum der Tiroler Erhebung von 1809 in Innsbruck

A Innsbruck grande parata per il 200esimo anniversario dell'insurrezione tirolese del 1809

Big national pageant and parade to celebrate the 200th anniversary of the Tyrolean Rebellion of 1809 in Innsbruck

2006

Der Rodler Armin Zöggeler holt zum zweiten Mal olympisches Gold.

Lo slittinista Armin Zöggeler vince per la seconda volta la medaglia d'oro alle Olimpiadi.

The luger Armin Zöggeler wins his second Olympic gold medal.

2/2011

Christof Innerhofer gewinnt bei den Weltmeisterschaften in Garmisch Gold im Super-G.

Lo sciatore Cristof Innerhofer si laurea campione del mondo di supergigante a Garmisch.

Christof Innerhofer wins gold in super-G at the World Championships in Garmisch.

| 2000 | 2001 | 2002 | 2003 | 2004 | 2005 | 2006 | 2007 | 2008 | 2009 | 2010 | 2011 |

2012

2004

Die neue Dachmarke für Produkte und Dienstleistungen aus Südtirol wird eingeführt.

asce il nuovo "marchio ombrello" a tutela di servizi e prodotti tipici dell'Alto Adige.

The new umbrella brand for products and services from South Tyrol is introduced.

5/2005

Nach 12 Jahren wird die Eisenbahn Meran–Mals wiedereröffnet.

Dopo dodici anni di inattività viene riaperta la ferrovia Merano-Malles Venosta.

After a 12-year pause, the Merano–Mals railway resumes service.

8/2008

Papst Benedikt XVI. urlaubt in Brixen; wenige Tage später stirbt Bischof Wilhelm Egger; ihm folgt Karl Golser nach.

Papa Benedetto XVI in vacanza a Bressanone; pochi giorni dopo muore il vescovo Wilhelm Egger, al quale succede Karl Golser.

Pope Benedict XVI takes his vacation in Bressanone; a few days later bishop Wilhelm Egger passes away; he is succeeded by Karl Golser.

6/2010

Die Deutsche Fußballnationalmannschaft tankt beim Training in Eppan Kondition für die WM in Südafrika.

La nazionale di calcio tedesca si allena ad Appiano in vista dei Mondiali in Sudafrica.

The German National Football Team trains in Eppan for the World Cup in South Africa.

24/5/2008

Einzug des Bozner Museum für moderne Kunst, „Museion", in das neue Gebäude: Martin Kippenbergers Frosch entfacht einen veritablen Skandal.

Il Museo d'arte contemporanea di Bolzano (Museion) inaugura la sua nuova sede e desta scalpore esponendo la rana crocifissa di Martin Kippenberger.

The Bolzano museum of modern art, "Museion", moves into a new building: Martin Kippenberger's frog sparks a veritable scandal.

25/5/2010

† Silvius Magnago, hochverdienter „Vater der Autonomie", im Alter von 96 Jahren

† Silvius Magnago, 96 anni, indiscusso "padre dell'autonomia sudtirolese"

† Silvius Magnago, revered "father of South Tyrolean autonomy," at the age of 96

ÜDTIROL

Quellen / Fonti / References

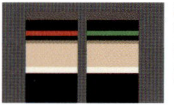

8
SMG – Südtirol Marketing
Gesellschaft / Alto Adige
Marketing • World Wide Web

22
ASTAT, Statistisches Jahrbuch für
Südtirol / Annuario statistico della
Provincia di Bolzano 2011
• Südtiroler Rinderzuchtverband /
Federazione Sudtirolese Allevatori
Razze Bovine (Herbert Lang)

30
Landesverband der freiwilligen
Feuerwehren Südtirols
• Diddi Osele

10
ASTAT, Südtirol in Zahlen / Alto
Adige in cifre 2011 • ASTAT,
Volkszählung / Censimento della
popolazione 2011
(Info 38, 06/2012)

24
ASTAT, Nachnamen in Südtirol /
Cognomi in provincia di
Bolzano 2010 (Schriftenreihe /
collana 172) • Karthographie /
cartografia: http://qlikview.
services.siag.it/bnarc/main_
de.htm

32
ASTAT, Nachnamen in Südtirol /
Landesleitung Weißes Kreuz /
Amministrazione Croce Bianca

12
ASTAT, Volkszählung / Censimento
della popolazione 2011
(Info 38, 06/2012)

26
ASTAT, Mehrzweckerhebung
der Haushalte / Multiscopo
sulle famiglie 2011 (astattab
Sammlung / raccolta 01, 01/2012)

34
ASTAT, Bibliotheken / Biblioteche
2011 (Info 19, 04/2012)
• Autonome Provinz Bozen –
Südtirol, Amt für Bibliotheken
und Lesen / Provincia Autonoma
di Bolzano – Alto Adige, Ufficio
biblioteche e lettura (Volker Klotz)

14
ASTAT, Ausländische
Wohnbevölkerung / Popolazioen
straniera residente 2011 (Info 41,
06/2012) • Naturmuseum
Südtirol / Museo Scienze Naturali
Alto Adige (Thomas Wilhalm)

28
www.skischulen.it • Diözese
Bozen-Brixen / Diocesi di
Bolzano-Bressanone • Autonome
Provinz Bozen – Südtirol,
Abteilung Landwirtschaft /
Provincia Autonoma di Bolzano
– Alto Adige, Ripartizione
Agricoltura, Agrar- und
Forstbericht 2011
• ASTAT, Seilbahnen in Südtirol /
Impianti a fune in Alto Adige 2011
(Schriftenreihe / collana 184)
• ASTAT, Statistisches Jahrbuch
für Südtirol / Annuario statistico
della Provincia di Bolzano
2011 • ASTAT, 6. Allgemeine
Landwirtschaftszählung /
6° Censimento generale
dell'agricoltura 2010 (Info 36,
06/2011) • Handelskammer
Bozen / Camera di Commercio
Bolzano • Verband der
Südtiroler Berg- und Skiführer /
Associazione guide alpine
sciatori Alto Adige • WIFO –
Wirtschaftsforschungsinstitut der
Handelskammer Bozen / IRE –
Istituto di ricerca economica della
Camera di Commercio di Bolzano
• Autonome Provinz
Bozen – Südtirol, Amt für
Tourismusmarketing und
Alpinwesen / Provincia Autonoma
Bolzano – Alto Adige, Ufficio
Turismo e Alpinismo

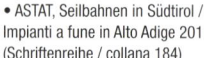

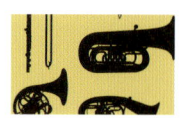

36
Verband der Südtiroler
Musikkapellen • Norbert Grumer

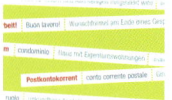

16
Abfalterer, Heidemaria: Der
Südtiroler Sonderwortschatz
aus plurizentrischer Sicht.
Innsbruck: Innsbruck University
Press 2007 • Ulrich Ammon et
al.: Variantenwörterbuch des
Deutschen. Berlin: De Gruyter 2004

38
Verband der Südtiroler
Musikkapellen • Norbert Grumer

18
Befragung / intervista / interview:
Carla Comunello, Christl Egger,
Karin Gufler, Wilfried Gufler, Erich
Innerbichler, Sigrid Innerebner,
Martina Kirchler, Sabine Lercher,
Elmar Prieth, Dietmar Seyr, Peter
Unterholzer, Margareth Volgger

40
Genossenschaft für
Regionalentwicklung und
Weiterbildung Sarntal (Hg.):
Die Sarner Tracht. Bairisch gien.
Bozen / Wien: Folio 2010
• Foto: Harald Kienzl,
www.kuadrat.it

20
World Wide Web

42
Südtiroler Stickservice,
www.stickservice.it

44
www.kastelruther-spatzen.de
• Wikipedia; Albin Gross

46
Südtiroler Archäologiemuseum /
Museo Archeologico dell'Alto
Adige

48
Helmut Stampfer

50
World Wide Web • ASTAT,
Strukturindikatoren zur
Lebensqualität in den Südtiroler
Gemeinden / Indicatori strutturali
sulla qualità di vita nei comuni
della provincia di Bolzano 2008

52
World Wide Web

54
www.distanzechilometriche.net

56
ASTAT, Statistisches Jahrbuch
für Südtirol / Annuario statistico
della Provincia di Bolzano 2011
• ASTAT, Seilbahnen in Südtirol /
Impianti a fune in Alto Adige 2011
(Schriftenreihe / collana 184)

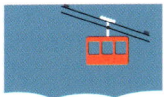

58
ASTAT, Seilbahnen in Südtirol /
Impianti a fune in Alto Adige 2011
(Schriftenreihe / collana 184)

60
ASTAT, Seilbahnen in Südtirol /
Impianti a fune in Alto Adige 2011
(Schriftenreihe / collana 184)
• Autonome Provinz Bozen –
Südtirol, Abteilung Landesagentur
für Umwelt / Provincia Autonoma
Bolzano – Alto Adige, Agenzia
provinciale per l'ambiente
(künstliche Beschneiung in
der Provinz Bozen–Südtirol /
innevamento artificiale in
Provincia di Bolzano – Alto Adige
2010/2011) • Autonome Provinz
Bozen – Südtirol, Abteilung
Raumordnung / Provincia
Autonoma Bolzano – Alto
Adige, Ripartizione Urbanistica,
Fachplan „Aufstiegsanlagen und
Skipisten", zweite dreijährige
Überarbeitung / Piano di settore
„Impianti di risalita e piste da sci",
seconda rielaborazione triennale
(07.06.2010) • SEAB Energie-
Umweltbetriebe Bozen / Servizi
Energia Ambiente Bolzano
• www.technoalpin.com

62
World Wide Web

64
Autonome Provinz Bozen –
Südtirol, Landestierärztlicher
Dienst / Provincia Autonoma
Bolzano – Alto Adige, Servizio
veterinario provinciale (Ernst
Stifter) • Autonome Provinz
Bozen – Südtirol, Abteilung
Landwirtschaft / Provincia
Autonoma di Bolzano,
Ripartizione Agricoltura – Alto
Adige, Agrar- und Forstbericht
2011

66
ASTAT, 6. Allgemeine
Landwirtschaftszählung /
6o Censimento generale
dell'agricoltura 2010 (Info 36,
06/2011) • www.agrokurier.de
• www.stol.it

68
Autonome Provinz Bozen
– Südtirol, Abteilung
Landwirtschaft / Provincia
Autonoma di Bolzano – Alto Adige,
Ripartizione Agricoltura, Agrar-
und Forstbericht 2011
• Nora Pardatscher

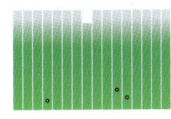

70
Autonome Provinz Bozen –
Südtirol, Abteilung
Landwirtschaft / Provincia
Autonoma di Bolzano – Alto Adige,
Ripartizione Agricoltura,
Agrar- und Forstbericht 2011

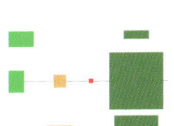

72
ASTAT, Statistisches Jahrbuch
für Südtirol / Annuario statistico
della Provincia di Bolzano 2011
• Tourismusverein Schenna /
Associazione turistica Scena

74
EURAC, Institut für Angewandte
Fernerkundung / Istituto per il
Telerilevamento Applicato
(Kathrin Renner, Marc Zebisch)

76
Sennereiverband Südtirol /
Federazione Latterie Alto
Adige (Annemarie Kaser),
Tätigkeitsbericht 2011
• Vereinigung der Südtiroler
Tierzuchtverbände
(Christian Plitzner)

78
Sennereiverband Südtirol /
Federazione Latterie Alto
Adige (Annemarie Kaser),
Tätigkeitsbericht 2011

80
ASTAT, Statistisches Jahrbuch
für Südtirol / Annuario statistico
della Provincia di Bolzano
2011 • ASTAT, 6. Allgemeine
Landwirtschaftszählung /
6o Censimento generale
dell'agricoltura 2010
(Info 36, 06/2011)

82
Handelskammer Bozen / Camera
di Commercio Bolzano; Palbox,
Neumarkt / Egna • EOS –
Export Organisation Südtirol /
Organizzazione export Alto Adige

84
Land- und forstwirtschaftliches
Versuchszentrum Laimburg,
Abteilung für Versuchswesen II /
Centro per la Sperimentazione
Agraria e Forestale Laimburg,
Ufficio sperimentazione agraria II
(Roland Zelger, Oswald Bauer)

86
EOS – Export Organisation
Südtirol / Organizzazione export
Alto Adige • Autonome Provinz
Bozen – Südtirol, Abteilung
Landwirtschaft / Provincia
Autonoma di Bolzano – Alto
Adige, Ripartizione Agricoltura,
Agrar- und Forstbericht 2011

88
Restaurant „Zur Rose",
St. Michael-Eppan / San Michele-
Appiano (Margot & Herbert
Hintner)

90
Restaurant „Zur Rose",
St. Michael-Eppan / San Michele-
Appiano (Herbert Hintner)
• Foto: Frieder Blickle,
www.foodshooting.de

92
Guida Michelin Italia 2012
• www.historischergastbetrieb.it
• www.suedtiroler-weinstrasse.it

94
WIFO –
Wirtschaftsforschungsinstitut der
Handelskammer Bozen / IRE –
Istituto di ricerca economica della
Camera di Commercio di Bolzano

96
Handelskammer Bozen /
Camera di Commercio di
Bolzano • Autonome Provinz
Bozen – Südtirol, Amt für
Tourismusmarketing und
Alpinwesen / Provincia Autonoma
Bolzano – Alto Adige, Ufficio
Turismo e Alpinismo • WIFO –
Wirtschaftsforschungsinstitut der
Handelskammer Bozen / IRE –
Istituto di ricerca economica della
Camera di commercio di Bolzano
• www.iceman.it • Cineplexx
Bozen / Bolzano • Autonome
Provinz Bozen – Südtirol, Abtei-
lung Landwirtschaft / Provincia
Autonoma di Bolzano – Alto
Adige, Ripartizione Agricoltura,
Agrar- und Forstbericht 2011 •
Autonome Provinz Bozen – Süd-
tirol, Abteilung Forstwirtschaft /
Provincia Autonoma di Bolzano –
Alto Adige, Ripartizione Foreste
• www.trenitalia.com
• www.sii.bz.it • www.bahn.de
• www.gassenwirt.it
• www.eggerbrot.com
• www.val-gardena.com

98
Handelskammer Bozen / Camera
di Commercio di Bolzano

100
Reinhold Messner
• www.reinhold-messner.de
• Wikipedia

102
ASTAT, Strukturindikatoren zur
Lebensqualität in den Südtiroler
Gemeinden / Indicatori strutturali
sulla qualità di vita nei comuni
della provincia di Bolzano 2008
• ASTAT Sportorganisationen
in Südtirol / Organizzazioni
sportive in Alto Adige 2008
(Schriftenreihe / collana 154)
• ASTAT, Statistisches Jahrbuch
für Südtirol / Annuario statistico
della Provincia di Bolzano 2011

104
www.flightradar24.com:
18/8/2012
• Stimpfl, Oswald: Südtirol für
Insider. Bozen / Wien: Folio 2009

106
Autonome Provinz Bozen –
Südtirol, Hydrographisches Amt /
Provincia Autonoma di Bolzano –
Alto Adige, Ufficio idrografico,
Climareport 2011 • ASTAT,
Südtiroler Energiebilanz / Bilancio
energetico dell'Alto Adige
2000–2008 (Info 03, 01/2011)

108
ASTAT, Südtiroler Energiebilanz /
Bilancio energetico dell'Alto
Adige (Schriftenreihe / collana
179) • Autonome Provinz
Bozen – Südtirol, Landesagentur
für Umwelt / Provincia Autonoma
di Bolzano – Alto Adige, Agenzia
provinciale per l'ambiente

110
Autonome Provinz Bozen –
Südtirol, Abteilung Finanzen /
Provincia Autonoma di Bolzano –
Alto Adige, Ripartizione Finanze

112
Pressedienst der Autonomen
Provinz Bozen – Südtirol /
Servizio stampa della Provincia
Autonoma di Bolzano – Alto Adige
(Margit Adami)

114
Naturmuseum Südtirol / Museo
Scienze Naturali Alto Adige
(Thomas Wilham) • Südtiroler
Volkspartei

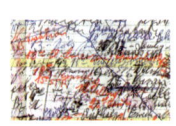

116
Peppi Tischler
• Büro Landeshauptmann /
Ufficio del Presidente della
Provincia (Martina Graf)

118
Hans Heiss